キム・ボギョン
簗田順子・訳

Golden

0～5歳 賢い脳のつくりかた

Brains

スタンフォード大学博士でシリコンバレーで
2児を育てたママの 脳科学 育児コンサルティング

Discover

0~5세 골든 브레인 육아법
GOLDEN BRAINS: A Neuroscience-Based Guide to Healthy Child Development
by Bokyung Kim

お知らせ

- 本に出てくる年齢はすべて満年齢を使用しています。
- 本に出てくる子どもの名前や家庭の事情は、著者のカウンセリング事例をもとに脚色したものです。
- 本文では内容を効果的に伝えるために、親（両親）、ママ、パパという呼称を用いていますが、子育て中の人なら誰でも活用できます。
- 用語説明が必要な場合は、電球の絵文字を付けています。
例：ニューロン💡

CONTENTS

サイクル2 食事 脳の発達に必要な栄養素と食習慣

第2部

バランスのよい日課で潜在力を呼び覚まそう

脳の才能が花開く3つのサイクル

サイクル4 遊び 自我の発見と社会性の始まり

サイクル5 読書 脳を成長させる読解力の秘密

はじめに

この本は0歳から5歳までの子どもを育てるお父さんお母さんに、脳の発達について話したくて書きました。

この年齢の子どもを育てていると、毎日寝不足で、家の中はいつもメチャメチャ、洗濯物や汚れた食器がたまっているのなんて日常茶飯事。子どもたちはうるさいし、落ち着きがないし、泣くし、すぐにあちこち汚してしまいますよね。口で言って聞かせても通じないし、よちよち歩いては転ぶ子どもの後をついて歩いて腰を痛めてしまいます。

目の前の育児をこなすだけでいっぱいいっぱい。それなのに、子どもの能力は親の責任だなんて、いい加減にしてほしいですよね！「○歳までにこれをしないと脳が発達しない」とか、「手遅れになる前にこんな教育をするべきだ」とかいう言葉は、親を怖がらせ、不安にさせます。

SNSの子育て情報に惑わされてやってみたら、つらい結果となってしまった経験はないですか？　本の読み聞かせがいいと聞いて夜遅くまで本を読み、共感が大事だと聞いて一日中休む間もなく話をする。これもいい、あれもしなければと1つずつ追加しているうちに、気がつくと一日はあっという間で、夜になってもするべきことのノルマは終わりません。親も子どもも忙しくなってしまいます。

浪費するのは時間だけではありません。就学前から習い事を始める家庭の割合は徐々に増えていて、月に数十万円もする講義が「頭脳発達遊び」という名前で販売されています。

でも、これらすべてが本当に必要なものなのでしょうか？

わが子の特性にあった脳を育てよう

よく、子どもの脳の発達には決められた方向性があると誤解されます。「こうやってつくられた脳がいちばんいい」という仮定のもと、そうではない脳がすべて優秀ではないと思ってしまうのです。

この勘違いは、「たった1つの正解のみを目指して子どもを育てるべきだ」という誤解と不安を呼び起こします。そして決められた脳を早くつくり出すことがベストであると信じてしまうのです。他の子どもより早く字が読めるようになるとか、今の学年より先の学年で習うことを覚えてしまう、といったことです。

人の脳はすべて違います。 生まれ持ったものも違うし、育つ方向も速度も違います。脳の発達は遺伝と環境の相互作用です。生まれつき持っているものと経験したことのすべてが、脳が育つために重要な意味を持っているのです。

マラソン選手の体と短距離選手の体が違うように、子どもの頃に本をたくさん読んだ子どもと、歌ったり楽器を演奏したりして育った子どもの脳は違います。読書は文章を読んで理解するときに使用する神経回路をしっかりつくり、楽器の演奏は音楽を聴く能力と演奏するための動きを細かく調節する能力を強くします。本を読むと言っても英語を使う脳と日本語を使う脳は働きが違います。**子どもが持って生まれた可能性をうまく育てられる環境を提供することが、脳の発達にはいちばん重要なのです。**

最高の脳を育てる、当たり前だけど特別な方法

私は二児の親です。息子はソハ、娘はユハといいます。私が脳を専門とする心理学博士だと知ると、脳を育てる秘けつを聞きたがる人がたくさんいます。

初めはそんな質問をされると気恥ずかしくなりました。だって、特別にしていることは何もないと思っていたから。ただ、よく食べて、よく遊んで、早く寝かせていました。

でも、時間を置いてじっくり考えてみると、この、基本に忠実で、大事なことの優先順

位をはっきりつける育児法が、逆説的に特別な秘けつになるかもしれないと気づきました。それが、本書で紹介する「ゴールデン・ブレイン（最高の脳）育児法」です。

一日のリズムをつくる6つのサイクル

我が子の「ゴールデン・ブレイン」を育てることは、最高の一日をつくることから始まります。そのために、一日のうちにするべき6つのサイクルについて書きました。そしてこのサイクルは大きく2つに分けることができます。

「脳の基礎をつくる」こと、そして「生まれ持った脳の力を開花させる」ことです。

脳の基礎をつくる

まず、子どもの脳が健康に育つための土台をつくります。そのために大切なのは、睡眠、

最高の脳を育てる「6つのサイクル」

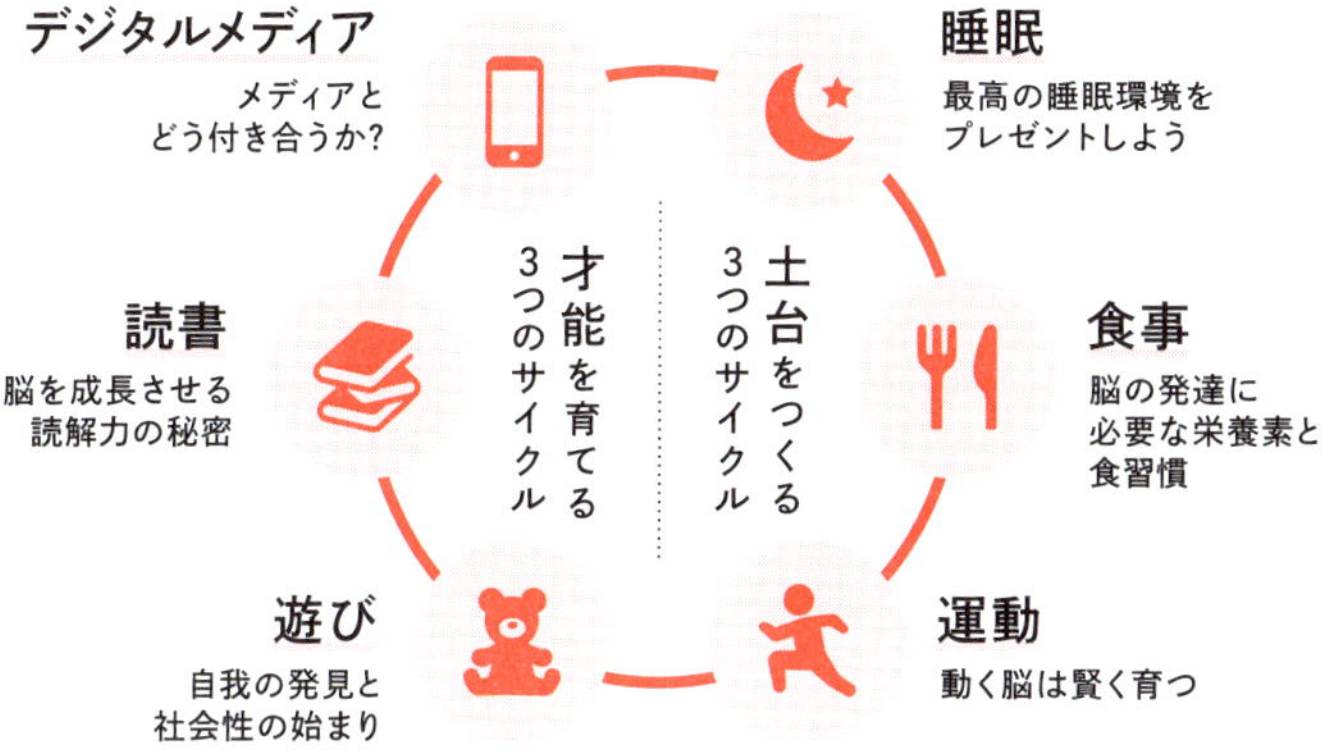

食事、**運動**の3つです。このサイクルはどんな子どもにも必要なもので、いちばん初めにするべきものです。そして、親が特に頑張らないといけないポイントでもあります。

食べさせて寝かせること、外に出て汗を流しながら子どもの後を追いかけること。あまりにも当然すぎるため、このサイクルは時に取るに足らないものとして扱われ、「2歳からのひらがなワーク」のような目立つ成果の影に隠れてしまいがちです。

でも、脳が育つためには基本の環境を整えなければなりません。この3つのサイクルについて理解し、親が毎日していることにどれだけ価値があるのかを感じ、親として最も集中するべきことは何なのか、その方向性をつかんでいただければと思います。

生まれ持った脳の力を開花させる

その次は生まれ持った脳の力を花開かせるための豊かな環境と多様な機会を与えることです。ここには遊びや読書、デジタルメディアの利用が含まれます。

脳の構造はとても複雑で、だからこそ育てるためには複雑な環境が必要なのです。大人に教えられる知識だけではなく、子どもが自ら考え判断して生きていく力を育てなければなりません。そのためには遊びと読書が必要です。この2つが自分で問題を解決し、他の人と仲よくしながら、知識を得て世の中を理解する方法を教えてくれるのです。子どもの脳を育てるための遊びの時間と読書の方法を調べて、子どもにどんな一日を過ごしてほしいか考えてみましょう。

6つ目のサイクルにしたデジタルメディアは、いわば番外編です。脳の発達に必ず必要なサイクルというより、どう活用するかが脳の発達に影響を及ぼすので、子どもの頃からよい習慣を育ててほしいという気持ちから取り上げました。

そして最後に「実践応用編」として、24時間の中で6つのサイクルのバランスをどう取っていくのかも解説しました。

「これが脳の発達にいい！」と聞くと、そればかりをすればいいと思いがちです。けれど、一日のバランスが崩れると、子どもの成長に影響するだけでなく、育児自体がつらくなってしまいます。

私がカウンセラーとして耳にした親の悩みを例として挙げることで、6つのサイクルがどう影響し合うのか、1つの問題を解決するためになぜ他のサイクルとのバランスを取るべきなのか、理解するために役立つ内容になっています。

完ぺきな一日を求めないで

1つだけお願いがあります。先ほど「子どもにとっていちばんいい一日をつくってあげましょう」と言いましたが、1年のうち一日でもできないと脳の発達に支障が出る、という意味ではありません。今日が完ぺきな1日ではなかったからといって、落ちこむ必要はありません。もしかしたら完ぺきな日なんてもともとないのかもしれません。

脳の発達にいいことをきちんと理解して、自分ができる範囲でベストを尽くせばそれで十分。脳はとても複雑なんです。その複雑な世界は小さな1つ2つのことでつくられているわけではありません。今日のベストがずっとずっと積み重なってできていくのです。

乳幼児期の子どもにとって、世の中は不思議で驚くことがいっぱい！　とにかく、初めてづくしなのです。子どもは子どもらしく過ごすことで元気に育ちます。一晩中泣いている子どもをおぶっていることが子どもの脳を育てることで、言うことを聞かずにめちゃくちゃに走り回る子どもを追いかけることが脳を発達させることなのです。

基本ができていれば、あとは愛情たっぷりの目で子どもを見守りましょう。この本が二度と来ない子どもの幼い時期を楽しく過ごせる一助になることを願っています。

2023年　初夏
シリコンバレーにて
キム・ボギョン

第1部

究極の24時間を設計しよう

脳の
基礎をつくる
3つのサイクル

サイクル

1

睡眠

最高の睡眠環境をプレゼントしよう

睡眠は脳の発達の最も基本的な要素です。
一日の疲労を回復し、エネルギーを補うだけでなく、
一日のうちにためた情報を整理して、確かなものにしてくれます。
また睡眠は、脳が自らを清掃し修繕する時間でもあります。
私たちが寝ている間、脳は老廃物を取り除き、
また細胞のエネルギーを補いながら、
次の日、また活発に活動する準備をしているのです。

4歳のソンウンはなかなか寝てくれません。ソンウンのママは子どもの眠りに役立つことを自分なりに守っていました。ソンウンが気持ちよくなるように温かいお風呂に入れて、落ち着いた声で寝る前に本を読んであげ、リラックスできるように愛情たっぷりにおやすみの挨拶もしています。ここまでは何の問題もありません。

ところが夜の9時頃、電気を消してソンウンと一緒に横になると……その時から寝かしつけバトルが始まります。

ソンウンは水が飲みたい、トイレに行きたいと言い訳をして起き出したり、昔話をせがんだり、眠れないと言ってぐずったりします。ママはソンウンをあやしたり、寝たふりをしたりしますが、結局「さっさと寝なさい！」と叱って一日を終えてしまいます。ママは泣きながら眠ったソンウンを見ると胸が痛むのですが、寝かせるのに毎日、1時間も2時間もかかってしまってへとへと。

何とか寝かせてテレビを見ていると、ソンウンが目を覚ましてママを捜しに来ます。寝室に戻って寝かしつけると、例外なくママも隣で寝てしまいます。

そのせいか、ソンウンのママは毎朝、寝起きがすっきりしません。見ている途中で何度も中断させられたドラマはよく覚えていないし、ゆうべ使った食器を洗わなければと思うと顔をしかめてしまいます。

寝るのが遅いソンウンは朝きちんと起きられません。ママはソンウンを起こすだけでも20分かかり、朝ごはんを食べさせるのも一苦労。顔を洗って服を着せるのも時間に余裕がありません。

何とかソンウンを幼稚園に送り出したら、もう出発する時間！　一息つく暇もなく出勤しなければなりません。今日も忙しい一日のスタートです。

よく寝て、しっかり食べさせる

育児はよく「農作業」にたとえられます。農作業において特に重要なのは、作物を育てる「土壌」と「水」です。肥料を与えたり剪定《せんてい》したりすることも重要ですが、種が芽を出し育つためには、よい土壌と十分な水が必要。土を耕し水を引くことが基本です。

子どもを育てるプロセスも同じです。子どもを寝かせてよく食べさせること。このプロセスがなければ、どんな子も元気に育ちません。何かを教えたり新しい経験をさせたりすることより重要なことかもしれません。**大事なことだからこそ、手間をかけましょう。**

ここでは、まず睡眠について扱っていきます。

子どもの眠りについて悩んでいる親は、みんな同じような話をします。

「夜、寝かしつけをしてもぜんぜん寝てくれなくて」
「他の子より寝る時間が短くて……睡眠足りているのかしら？」
「昼寝を嫌がって寝てくれないし、朝もぜんぜん起きてくれなくて」
「夜中に目を覚まして、私を捜しにきてしまうんです」

そして、こんな質問をします。

「どうやって寝かしつければいいのでしょう？」
「何歳から一人で寝かせるべきですか？」
「子どもが夜更かしなのですが、どうすれば早く寝かせられますか？」

0分で子どもを寝かしつける魔法があったら、どんなによいでしょう！　しかし、現実はそう簡単ではありません。これだという秘けつがあるわけではないからです。

よく寝る子になるには、「よく寝る子の1日のサイクル」を組み立てる必要があります。

そのために、眠りが人に及ぼす影響や睡眠時間、眠りに影響を与える要因や、その管理についてて学びましょう。

子どもの睡眠不足は家庭環境と親の行動習慣から

生まれたばかりの子どもの脳はすごいスピードで育ちます。そしてこの時期、子どもは本当によく眠ります。

乳児期の赤ちゃんは一日のほとんどを寝ているため、「寝る子がすくすく育つ」ということを疑う人なんていません。それに眠れない子は泣いたりぐずったりするので、親は子どもを寝かせるために努力するしかありません。子どもが寝ないと自分も眠れませんから。

ところが、子どもが歩けるようになった頃から、睡眠の優先度は少しずつ下がっていきます。お昼寝を卒業した頃には、体力がついていると考えて昼寝をさせなくなり、なかなか寝ない子どもが夜遅くまで遊びたがってぐずっても、うまく寝かせる方法がわからなくなります。さらにもう少し子どもが大きくなると、夜遅くまで勉強したり本を読んだり遊んだりすることが眠ることより優先されます。

でも、それでいいのでしょうか？

実は今の韓国の子どもたちは睡眠不足です。韓国青少年政策研究院の2017年の報告によると、**小学生の半分以上の睡眠時間が推奨睡眠時間に満たない**そうです。

これは乳幼児も同じです。ウルチ病院のアン・ヨンミン教授の研究によると、韓国の0歳から3歳児はアジアの他の国々やアメリカの子どもたちに比べて**寝るのが遅く、昼寝と夜の睡眠時間も短くて、昼寝の回数も少ない**そうです。

総睡眠時間はアメリカと1時間の差があります。アメリカの子どもたちは平均すると8時25分に寝ますが、韓国の子どもたちは10時8分に寝ているそうです。ずいぶん遅い時間ですね。韓国の子どもたちの1日のお昼寝の平均時間は2時間26分、他のアジアやヨーロッパの国々では3時間を超えています。

この研究では親の特性が子どもの睡眠に及ぼす影響を多様に分析しています。その結果、子どもの寝る時間に家族がテレビを見ていると子どもが寝付かないこと、子どもの睡眠時間には親の経済活動が関係していること、夜中に目を覚ますことには夜中の授乳が影響していることが明らかになりました。

家族が夜遅くまでテレビを見るとか、親が朝早く出勤するなどの家庭環境、親子で一緒に寝るとか、夜に授乳をするといった行動習慣が、睡眠不足など子どものよくない睡眠パターンの原因になるのです。

私はアメリカに住んでいるので、この違いをより鮮明に感じます。

私が住んでいる北カリフォルニア郊外の小さな町では、日が沈むと町中が真っ暗になります。日が短くなる冬には、午後5時頃にはもう通りに誰もいません。通りには照明もなく、明け方にはコヨーテが出るので、子どもたちも夜、外で遊ぶことはできません。大人もだいたい夕方6時には家に帰ります。夜は外に出ないのが普通なのです。

ところが、学校が夏休みになって韓国に行くと、通りは夜遅くまで明るく、子どもたちは夜遅くまで外で遊んでいます。カウンセリングで韓国の親とも話をしますが、親も子も忙しく生活をしていて睡眠不足になっています。

睡眠不足のバタフライ効果

子どもの脳が健康に発達するために（そして親の健康維持のために）改善するべきことを1つだけ選ぶなら、私は迷わず睡眠を選びます。眠りは子どもにとって、いえ、すべての人類にとって、避けられない共通の欲求です。眠れなければ生きていけません。

いちばん長く眠らなかった記録をギネスブックに残したランディ・ガードナーは、記録を達成した当時、17歳の少年でした。健康な少年だったガードナーは眠らずに11日間耐えたのです。彼はその過程で幻覚を見て妄想に苦しんだといいます。その過程は面白い新記録ではなく眠らないとどんな危険が生じるかを確認する機会になり、ギネスワールドレコーズは挑戦者の健康のために「不眠の記録」は認定しないことにしました。

1983年、アラン・レクトシャッフェンは動物実験から、過度の睡眠不足は生命の危険につながることを発見しました。長時間眠れない状態に置かれた実験用のネズミは、複数の病理的な症状を見せ、ついに死に至ったのです。[1]

人間にも睡眠不足は健康面で様々な悪影響を及ぼします。睡眠不足や睡眠障害は、がん、糖尿病、心臓疾患、統合失調症、アルツハイマーなどの危険性を高め、**5時間未満の睡眠は死亡率を15パーセント高める**そうです。

深刻な疾患への危険性はともかく、眠りは子どもの成長を決定づける要因です。睡眠はホルモンの分泌と関係しています。眠りが成長に関与するホルモンを時間に合わせて分泌しているのです。私たちの体に睡眠時間を知らせるメラトニンは、成長ホルモンの分泌を促し、脂肪の燃焼に重要な役割を果たすイリシンというホルモンを分泌させます。眠りが足りないと満腹感が得られず過食気味になり、エネルギーのレベルが低いと感じるため甘いものが欲しくなります。このような要因が合わさって私たちを肥満の道に引っ張るのです。**小児肥満は子どもの健康的な成長の妨げになります。**

子どもがよく寝て起きたときとそうでないときを思い出してください。たぶん朝、部屋から出てくるときの表情が違うと思います。よく寝て起きた子は楽しく朝が始まり、うれしく積極的な態度で新しい一日に向かう準備ができているはずです。親との会話もスムーズで、するべきことも簡単にこなします。もしも子どもがちゃんと眠れていなければ、この反対になるでしょう。

よく眠れなかった子どもを連れたスーパーの買い物ほどつらいことはありません。チャイルドシートを嫌がったり、子ども用カートから降りようと泣き叫んだりします。まだお昼寝の時間ではないのに車の中で寝てしまい、いくらも眠れずに起こされるので、家に入るとぐずり始めます。

日頃、よく眠れていれば風邪をひいて鼻が詰まったり、奥歯が生えてきて歯痛で何日か眠れなかったりしても大きな問題にはなりません。普段の睡眠パターンが戻ってくれば大丈夫です。でも、**睡眠の問題が長く続くと、小さな違いが積み重なって大きな変化になってしまう**のです。

睡眠の役割は「頭の整理整頓」

どうして眠りは子どもの成長全般に影響を及ぼすのでしょうか？

過去の学者たちは、眠りとは体や脳が活動しない時間だと考えていました。バッテリーが切れた電子機器のように「起きているのと反対の状態」だと思っていたのですね。でも、最近の研究で、寝ている間にも私たちの体は何かをしていることがわかってきました。特に脳は寝ている間にも活発に、多様に活動しています。

レム睡眠とノンレム睡眠

脳波を観察すると、睡眠には段階があることがわかります。大きく2つ、**レム睡眠**と**ノンレム睡眠**に分けられます。

レム睡眠は急速眼球運動睡眠とも呼ばれ、寝てはいますが、まるで起きているときのように眼球が素早く動いている浅い眠りです。レム睡眠の間は、眼球が動いているだけでなく、脳波も起きているときと似ています。でも、体は寝ているので動きません。

ノンレム睡眠は3段階（理論によっては4段階）に分けられますが、体と脳が一緒に休息している眠りを意味します。1、2段階は相対的に浅い眠りで、3段階は深い眠りです。

脳波の様子も起きているときとは大きく違います。成人の場合、起きている状態から始まり、レム睡眠と、1から3段階のノンレム睡眠のサイクルを何度か繰り返しながら眠っています。レム睡眠の割合は全体の睡眠時間の約20～25パーセントだと言われています。

子どもがこのような睡眠のパターンになるには少し時間がかかります。赤ちゃんは睡眠の段階や周期がはっきりしていません。レム睡眠が大部分で、起きている時間と寝ている時間の周期が成人より短いのです。**24時間の中で長い眠りが一度の成人とは違い、新生児は寝ては起きる短い周期を24時間の中で何度か繰り返します。**

睡眠の重要な2つの機能

では、私たちはなぜ眠るのでしょうか？　眠りはいまだにわからない部分が多く、今後も研究が必要ですが、今まで明らかにされている眠りの重要な機能は2つです。

1つは**老廃物をなくす**過程を踏む時間だということです。脳が活動するためにはエネルギーが必要ですが、活発な脳の活動は老廃物をためてしまうのです。脳の老廃物の除去はグリンパティックシステムが担当します。脳はベータアミロイドやタウタンパク質などの老廃物を排出しますが、グリンパティックシステムは私たちが寝ている間に活発に働いて、この老廃物を除去します。2015年の研究で、この老廃物が消えずに脳に残ると、認知症を誘発することが明らかになりました。[2]

2つ目の重要な機能は**記憶の強化**です。記憶は学習の基本ですね。私たちは過去を記憶することで今後を予測することができ、自分が世の中でどんな存在なのか理解できます。もしも記憶できなかったら、毎朝、自分が誰なのか思い出さなければならないでしょう。

記憶には眠りが重要な役割を果たしています。私たちが寝ている間に、脳は1日かけてためた情報を整理します。消える記憶もあれば、残る記憶もあります。

2021年、ノースウエスタン大学のケン・パラー教授が発表した睡眠と記憶についての論文で、この過程はツールボックスにたとえられています。[3] 記憶は少しずつその人の人生に合わせて調整されていきます。記憶をどう使うかによって脳は記憶の配列を変え、脳がたくさん学習したものは、だんだん精巧な形の道具になります（神経可塑《かそ》性）。だから1年前の記憶の形は今とまるで違うのです。まるで魔法のようだと思いませんか？

寝ている間に記憶がどう強化されるのかは、まだ研究の途中です。有力なのはノンレム睡眠の段階で海馬が記憶を再活性化するという説です。海馬が記憶を選択し、再活性化する記憶とそうでない記憶を分けているのです。寝ている間にシナプスの連結強度が弱くなるという説もあります。脳が不要なシナプスを減らして必要な記憶をよく思い出すように助けてくれています。この2つは相反する理論ではなく、最近の研究で双方とも可能性が確認されたそうなので、これから明らかになる眠りと記憶の関係がとても楽しみです。

寝不足は認知や集中力を低下させる

大人の私たちも、寝不足で疲れていると注意が散漫になり、するべきことに集中するのがつらくなります。子どもの集中力も同様に睡眠の影響を受けています。

ハーバード大学医学部の研究によると、3〜7歳の間で寝不足だった子どもは、7歳頃に認知機能検査を実施すると、実行機能のレベルが低いという結果が出るそうです。[4]

ジョンズホプキンス大学医学部の睡眠時無呼吸症候群研究チームは、児童と青少年の睡眠時無呼吸症候群が記憶、学習、実行機能の神経病理的欠陥を生むと発表し、これらの機能に関連する脳の領域が損傷した可能性に触れています。[5] **短期的に認知及び学習能力の低下が生じ、長期的には脳の発達が阻害され、神経の損傷につながることもある**のです。

実は、ADHDの子どもたちは睡眠不足や睡眠障害があり、他の子どもたちより昼間眠気を訴えることが多いそうです。また、睡眠不足の症状はADHDの症状とよく似ており、区別が難しいとも言われています。睡眠の専門家である医学博士クリストファー・ウィンターは、睡眠障害を持つADHDの子どもたちが睡眠時無呼吸症候群やレストレスレッグス症候群の治療をすると、ADHDではないと判断されるほど症状が緩和されるケースを見てきたそうです。

このように、**眠りは子どもたちの認知機能や集中力に影響を及ぼし、成長過程に必要なことをどれだけ多く学べるかを決める**のです。

眠りが重要だなんて、そんな当たり前だと思われることに紙面を割く理由は、眠りが子どもの脳の発達のために守るべき基本だからです。そのくらい、睡眠は重要なのです。

わが子が十分に寝ているのか、健康的な睡眠習慣が身についているのか、そして、よい睡眠環境を提供できているのか。ここまでネックがあるなら、まずは子どもがよく眠れる生活パターンをつくることに集中しましょう。この後の内容は、この土台が出来上がった後の話だと思ってください。

おすすめの睡眠時間はどれくらい？

繰り返しになりますが、十分な眠りは子どもにとって最優先です。眠りは子どもの脳が今現在の機能を最適にするためにも、今後の成長のためにも必要なものです。では、どれだけ寝れば十分なのでしょうか？

いちばん多く使われるのは、アメリカの国立睡眠財団のガイドラインです。多様な分野の専門家が眠りについて研究を行い、人にとって最適な睡眠時間を分析した結果です。

ここでは推奨される睡眠時間と適度な睡眠時間を分けて提案しています。推奨される睡眠時間は、大部分の専門家が適切だと考える時間で、適度な睡眠時間は、この程度寝れば心配しなくてもいいだろうと思われる時間だと理解してください。ガイドラインの睡眠時間は、昼寝と夜の睡眠を合わせた総睡眠時間です。[6]

年齢別推奨睡眠時間と適度な睡眠時間

年齢	推奨睡眠時間	適度な睡眠時間
0〜3ヵ月	14〜17	11〜19
4〜11ヵ月	12〜15	10〜18
1〜2歳	11〜14	9〜16
3〜5歳	10〜13	8〜14
6〜13歳	9〜11	7〜12
14〜17歳	8〜10	7〜11

子どもがどれだけ寝ているのか、まずは3〜5日程度、睡眠時間を記録してみましょう。子どもが眠った時間と起きた時間、お昼寝の時間を全部書き出して、平均睡眠時間を計算するだけでいいのです。睡眠時間が安定しない子どもは、少し長く観察して平均を出しましょう。

専門家が推奨する睡眠時間はありますが、十分な睡眠時間には個人差があります。他の子より睡眠時間が少ない子もいれば、たくさん寝る子もいます。夜はあまり寝ないでお昼寝をたくさんする子もいれば、お昼寝は早々に卒業して夜はたくさん寝る子もいます。

子どもの睡眠時間を把握したら、十分に休息できているのかもチェックしましょう。よく寝て起きた子は朝から元気いっぱいに一日が始まりますし、昼間も活発に活動して、寝ている時間と起きている時間の区分がはっきりしています。

もし子どもが長い時間寝ていても、朝なかなか起きられなかったり、お昼寝の時間ではないのにウトウトしたり、寝る時間まで活動するのをおっくうがったりしていたら、睡眠時間が推奨時間の範囲内でもきちんと休めていないのかもしれません。子どもがたくさん寝ているように見えても、睡眠の質が落ちていないか確認しましょう。

＊　＊　＊

冒頭で紹介したソンウンの話に戻りましょう。ソンウンの寝ている時間は11時から朝の8時です。1時間程度お昼寝しているとして、ソンウンの睡眠時間は9〜10時間です。

4歳の子の睡眠時間が平均9〜10時間というのは、他の子と比べると少なく感じるかもしれません。でも、9〜10時間、規則的に寝ているのであれば、未就学児に該当する4歳のソンウンの睡眠時間は、推奨睡眠時間と適度な睡眠時間の境界にあります。ソンウンの身体的成長、認知機能の発達、行動に特異な点がなければ、おそらく心配する必要はないでしょう。ソンウンは他の子より1、2時間程度睡眠時間が短くても平気なのです。

では、なぜソンウンの家族は眠りのことで困っているのでしょう?

まず、ご両親がソンウンを今寝ている時間より早く寝かせようとしていることが、適切な睡眠にとってうまくいっているとは言えません。

また、ソンウンが朝起きる時間は家族の生活パターンと比べて遅いので、その後の日常生活に支障が出ています。寝ていてもすぐに目が覚めて、そのたびにママを捜すのは、家族みんなの睡眠の質を下げることになるのです。

こうした個々の状況がすべて集まって眠りの質の低下につながっています。**どれだけ長く寝ているか、いつ寝ているか、眠るまでどれだけかかるか、そして寝ている間にどれだけ目を覚ますか、これらすべてが重要なのです。**多様な要因が影響を及ぼし、さらに互いに影響を及ぼし合うのです。

1人で眠れる環境をつくる

子どものよい眠りについて話す前に、まず知っておかなければならないことがあります。**眠りとは他の人が「寝かせる」のではなく、自分で「眠って起きる」ものだ**ということです。

子どもが1人で寝ることを**「セルフねんね」**といいます。子どもが寝かしつけをされなくても、1人で眠るという意味で使われています。でも、厳密に言えば眠りとはもともと独立的なものです。外部の何かが無理やり寝かせるものではありません。

新生児が授乳中に眠ったとしても毎回のことではありませんし、親が子どもの隣であやしながら子守歌を歌ってあげたとしても、いつ眠るかコントロールできるわけではありません。1曲歌っただけで眠る日もあれば、10曲歌わなければならない日もあるでしょう。

最高の睡眠環境をプレゼントしよう

眠りは自分の中で起きることです。脳が時間の流れを認識し、適切な体の反応を誘導して眠りに至ります。誰かが「寝なさい」と指示して済むことではないのです。このことを理解するのが最初の段階です。

つまり親の役割は子どもを寝かしつけるというより、よく眠れるための環境をつくること。これを受け入れるだけでも眠りに対する負担はずいぶん軽くなります。眠る瞬間は親がコントロールできるものではないのです。ご両親は子どもが眠れる環境を維持する努力をしてください。眠るのは子ども自身です。

子どもの24時間のリズムをつくる

子どもの睡眠を助ける方法はたくさんあります。隣に寝てあやすのも1つですが、それよりも簡単で強力な方法があります。**24時間の身体のリズムを管理すればいい**のです！
人は昼に活動して夜に眠る昼行性動物です。日が昇ると気持ちがすっきりして体を動かしたくなり、日が沈むと活動力が落ちて疲れを感じ、休みたくなります。このような24時間周期で繰り返される生物学的リズムを**概日リズム**といいます。

この概日リズムは人だけでなく他の動物、植物や菌類、バクテリアまでもが持っている体内時計です。私たちの体は体内時計によって生かされているのです。代表的な例は体温の変化です。体温は朝起きるとすぐ上がり始め、活発に動いている昼間は高い温度を維持しています。寝る時間が近づくとだんだん下がっていきますね。体温だけでなく消化、運

眠りに影響を与える5つの要因

光	人の体は明るくなると目覚め、暗くなると休息を取ります。
温度	電気がなかった時代、太陽が明かりの代わりでした。太陽が昇って明るくなると同時に体温が上がり始めます。温度も朝の合図となって体を目覚めさせます。
飲食	飲食は身体の活動そのものです。規則的な食習慣は子どもの体が一定した時間の流れを受け入れるために役立ちます。
運動	飲食と同様です。活発な身体の動きは脳に活動時間と休息時間を認識させます。一日の運動量は身体の疲労を決定づけ、眠りの始まりと睡眠時間に影響を及ぼします。
音と社会的交流	親が見過ごしやすい要因の1つは音と社会的交流です。眠りと休息は1人の時間を意味するので、周りの騒音、特に他の人の話し声は体を目覚めさせる原因になります。

動、細胞の再生などがこのリズムの影響を受けており、眠りもその1つです。

概日リズムは環境的要因の影響を受けます。この要因をツァイトゲーバー（時を与える者）と言います。上の表は眠りに影響を与える5つの要因を整理したものです。

これらの要因の複合的な影響により、人は約24時間の身体リズムを持つことになり、このリズムが安定したとき、規則的に眠れるようになるのです。

健康的な睡眠パターンをつくる7つのテクニック

子どもがよく眠るためには、眠る瞬間だけ頑張るのではなく、概日リズムの助けを借りましょう。朝起きてから夜寝るまで、子どもの体が自然に目覚めて眠りにつける環境を整えてあげるのです。ほとんどの睡眠専門家は大人が夜更かしをして朝寝坊しても、睡眠時間が規則的で質が良ければ健康だと判断しています。しかし私は子どもの場合、早寝早起きの習慣を身につけるのがいいと思っています。発達中の子どもの脳には、お日さまとともに起き暗くなったら眠る、健康的な睡眠パターンが役に立つからです。

また、子どもが起きている時間帯は子どもの活動にも影響を及ぼします。朝の7時に起きた子どもは朝から夕方までいつでも外に出て、日差しをたっぷり浴びながら遊び回ることができますが、午前10時に起きて夜中の12時に寝る子は4、5時間を暗闇の中で活動することになります。外に出て走り回ったり、友だちと一緒に遊んだりする機会に差が出てしまうのです。ですから**24時間の単位で考えることが重要**なのです。

子どもにどんな生活環境を提供することが望ましいのか、時間帯別に考えてみましょう。

《7つのテクニック》

1. 朝、余裕を持って起きる
2. 午前中に日差しを浴びる
3. お昼寝や休む時間をとる
4. 夕方、眠くなる環境をつくる
5. 夜、1人になれる時間をつくる
6. 規則的なリズムをできるだけ守る
7. 自分自身の睡眠リズムを見直す

1

朝、余裕を持って起きる

子どもが何時に起きればいいのか正確に決めるのは難しいです。家庭によって事情は違うと思います。子どもが朝活動を始めるまでに十分余裕がある時間に起きるようにしましょう。もしも子どもが夜更かしして朝寝坊することが習慣になっているなら、早く起こすことから始めてみましょう。一気に時間を早めるよりも、**30分ずつ早めながら徐々に子どもの体を適応させる**のがいいでしょう。

朝イコール光です。明るい光で朝を教えてあげましょう。カーテンを開けて日差しを入れ、曇りの日には明かりをつけて脳に朝が来たことを知らせるのです。声や音にも光と同じ効果があります。優しく起こす声、家族の話し声、リビングの音楽や台所で朝食の支度をする音などで、一日が始まったことを知らせてあげてください。そして、子どもが目を覚ましたら目を合わせて挨拶をしましょう。ギュッと抱きしめたり頭をなでたりしながら、親子のコミュニケーションが始まる時間であることを教えてください。朝ごはんで一日を始める力をつくってあげましょう。

2 午前中に日差しを浴びる

午前中に日差しを浴びると体温が上がって脳がすっきり目覚めます。まだ学校に通っていない子どもなら、朝のお散歩や午前中の時間を利用したおでかけもおすすめです。学校に通っている子どもなら学校まで歩いて行かせるといいでしょう。学校が近すぎる場合は登校前に10分よけいに歩かせましょう。早く登校してグラウンドで遊べたらもっといいですね！　子どもと一緒にお散歩しながら日差しを浴びれば、ご両親の眠りにも役立ちますよ。日差しはメラトニンの分泌に影響を及ぼします。日差しを浴びている間はメラトニンの分泌が減り、暗くなるとメラトニンが分泌されて眠くなるのです。**昼間は子どもと一緒に屋外で過ごすことを意識しましょう。**

3 お昼寝や休む時間をとる

まだお昼寝をしている子にとって、お昼寝は一日が終わって夜眠るための睡眠補充の時間です。**夜までの日課を無事に終えるために休む時間**だと考え、夜の眠りによくない影響を及ぼすほど寝てしまわないように注意しましょう。お昼寝は体と脳に休息を与えて一日の行動の効率を高め、学習や記憶にも役立ちます。

子どもがお昼寝しない日があったり、そろそろお昼寝は卒業かな、と思ったりしたら、眠らなくてもいいので休息を取る時間を持つようにしましょう。お昼寝には決められた推奨時間がありません。また、お昼寝の卒業は一般的に1〜2歳頃と言われますが、3〜4歳頃に卒業する子もいますし、5歳になってもお昼寝が必要な子もいます。子どもの睡眠パターンと家庭の生活パターンに合わせてお昼寝の時間を調整しましょう。

4 夕方、眠くなる環境をつくる

夕食以後は一日を終える過程にいると考えましょう。お腹いっぱい食べることが眠りを助けてくれます。お腹が空いていると眠くならないので、朝まで食べなくても寝ていられるくらい満腹にならなければなりません。夕食を終えて眠り始めるまでの間隔が空きすぎると空腹で眠れないこともあるので、一度時間をチェックしてみましょう。

夕食後は照明を少し落として夜になったことを教えてあげます。騒々しい音楽やテレビの音をなくして、落ち着いた雰囲気をつくりましょう。

まだはっきりと結論が出たわけではありませんが、ブルーライトが睡眠に及ぼす影響について警告する専門家も多くいます。デジタル機器のディスプレイから出るブルーライトは、体が夜を認識することを妨害し、眠りにくくするというのです。ハーバード大学医学部の研究によると、寝る前にタブレット端末で電子書籍を読んだ場合、紙の本を読んだときよりメラトニンの分泌が遅れて、眠くなる時間も遅くなるそうです。[7]

他の研究では、ブルーライトをカットしても、デジタル機器を使用するだけで眠くなる時間が遅くなることが発見されています。ですから子どもが寝る前にはデジタルメディアの利用を控え、デジタル機器のディスプレイから出る光、特にブルーライトの影響で子どもが眠れなくなるのを避けるようにしましょう。ご両親も同じですよ！

5 夜、1人になれる時間をつくる

寝る時間が近づくと体温が下がり始めます。熱いシャワーを浴びた直後より時間が経って体が冷めてきてからのほうが眠くなります。室内の温度も昼間より少し涼しいほうが熟睡には役立ちます。睡眠の専門家とともに健康的な睡眠に関する専門知識を伝達するアメリカの非営利団体、スリープファウンデーションによると、**熟睡に適した室内温度は約18・3度、新生児にはもう少し高い20・5度が適当**だそうです。

子どもが寝る部屋は暗くして、子どもの脳に夜が来たことを知らせましょう。子どもの部屋は遮光カーテンより普通のカーテンがおすすめです。朝、自然に明るさを感じられるからです。窓のそばに明るい外灯などがあるなら、遮光カーテンを使うのもいいですね。

ベッドで本を読んだり、子守歌を歌ってあげたりしながら、子どもがリラックスして一日を終え、親の愛を感じながら眠れるのは本当にいいことです。ただし、子どもが寝るまでパパが背中をなでてあげたり、子どもが目を覚ますたびにママのパジャマの裾をつかんだりする習慣は、結果的に子どもの熟睡を邪魔する可能性が高いです。寝るために他の人を頼っているからです。

短期間で子どもの習慣を変えるのは難しいでしょう。子どもに「夜は自分で寝る時間」

であることを徐々に教えていきましょう。最初のうちは、すぐに寝付けなくても、すぐに目を覚ましてもかまいません。親を捜してまた眠らなきゃと思うより、少しだけ1人でいればすぐに眠くなると思えれば、子どもの心も楽になるはずです。やがて、1人で寝ようとすれば、すぐに眠りにつくことができるようになります。

6 規則的なリズムをできるだけ守る

24時間の身体リズムをつくるためには、規則的な生活を通して、いつが朝でいつが夜なのか、いつ一緒に遊んでいつ1人で寝るのかを学習しなければなりません。**こうしてつくった一日の日課を、できるだけ規則的に維持しましょう。**可能であれば、週末も平日と同じ時間に起きて、お昼寝の時間も同じタイミングにしてみましょう。

特別なイベントがあったり、体調が悪くて日課どおりにいかなかったりしても、心配する必要はありません。病気が治るように、乱れた日課もいくらでも修復できるのです。

7 自分自身の睡眠リズムを見直す

子どもの眠りと同じくらい、親の睡眠も重要です。子どもの眠りは親の眠りと似てしまうからです。親が眠りについてネガティブな表現をしたり、眠りを邪魔する行動をしたりすると、子どもはそれを見て真似してしまいます。子どもが朝起きて活動を始めるためには、一緒に元気いっぱいに目覚めさせてくれる親が必要で、子どもが夜にスマホを見ないようにするためには、デジタルメディアの利用を管理する親が必要です。子どもはまだ学習段階。**親がまず眠りを暮らしの最優先にして、よい睡眠環境をつくってください。**

「昼に散歩をする」「いつも同じ時間に布団に入る」「夜遅くにスマホを見ない」。眠りに関するアドバイスは単純でどれも聞いたことのあるものばかりですが、実践するのは簡単ではありません。でも、この小さな行動が集まって脳がよい睡眠を学び、発達できるということを覚えておきましょう。

優しい脳科学相談室

Q

子どもは1人で寝かせるべきですか?

A

1人部屋である必要はありません。子どもが眠りやすく安心できる環境をつくりましょう。

夜は休息の時間で、静かに1人で休む練習が必要です。だからといって絶対に1人部屋が必要なわけではありません。家庭の事情に合わせて静かで落ち着いた眠りの空間を用意してください。眠るべき時間についてはガイドラインがありますが、どこで寝るべきかは決まった指針がありません(新生児の場合、大人と一緒に寝ると事故の原因になりやすいので、離れた場所での睡眠が推奨されています)。大人になるまで兄弟姉妹で部屋を共有する場合もあるでしょう。部屋を共有すると、どうしてもお互いに影響を受けてしまうので、眠りを

邪魔してしまいがちです。この場合には子どもが眠りやすい環境をつくるにはどうすればいいかを考える必要がありますね。

子どもが親や兄弟姉妹といつまでも遊びたがるようであれば、今日の遊びの時間は終わったのだと教えて、明日の朝にはまた遊ぶ時間が始まることをはっきりと話してくださ い。年の差がある兄弟姉妹は寝る時間を変えればお互いに邪魔になりません。おもちゃにおやすみの挨拶をさせたり、おもちゃを箱に入れて蓋を閉めたりするなど、遊びの時間の終わりを意識させるのもいいでしょう。

子どもが親と別の部屋で寝ることを練習しているなら、「目が覚めてもママを捜しちゃダメ！　部屋から出ちゃダメ！」と言うよりも、「お腹が痛かったり怖い夢を見たりしたらママを呼んでも大丈夫。でも、ただ目が覚めただけなら、まだ夜だから寝る時間なんだと思ってリラックスすればいいの。そうしたらすぐに眠くなるから」と教えてあげてください。親に近づくことを最初からシャットアウトしてしまうと、子どもが不安になってしまいますから。

頭脳すくすくチェックポイント

睡眠は子どもの脳がきちんと育ち健康に機能するための基本の要素です。まず最初に子どもが適切な睡眠時間を守っているか確認してみましょう。そして、睡眠時間の次に睡眠の習慣を点検しましょう。問題が解決すれば家族みんながスムーズに生活できるようになります。

1 睡眠時間は適切ですか？　3～5日間、お昼寝と夜の睡眠時間を足して総睡眠時間を記録して、平均睡眠時間を計算してみましょう。この数値を41ページの子どもの年齢別の推奨睡眠時間または適度な睡眠時間と比較してください。子どもの睡眠時間が足りなければ、一日のコンディションを観察する必要があります。

2 子どもの睡眠パターンは規則的ですか？ 3～5日間、眠った時間と起きた時間を記録して規則性を見てみましょう。平日と週末に同じ睡眠パターンが維持できているかもチェックします。

3 子どもの睡眠習慣が家族の生活パターンに支障をきたしていませんか？ 子どもの睡眠習慣について悩みがあれば書いてみましょう。

サイクル

2

食事

脳の発達に必要な栄養素と食習慣

子どもが育つためにはよく食べることが大事です。
猛スピードで育つ子どもの脳細胞に栄養を供給し、
脳が活発に機能するために必要な熱量も吸収しなければなりません。
健康で正しい食生活は一生健康を守ってくれます。

3歳のヨンインの家族がカウンセリングに来ました。
ご両親がいちばん悩んでいるのは食事の時間です。離乳食はきちんと食べていたそうです。

でも、子どもが大きくなるにつれて小さな問題が出てきました。まず、子どもがじっとしていないところから始まりました。1歳前にはベルトを締める子ども用の椅子を使っていたので、食事の時間に座らせておけたのですが、1歳を過ぎて体が大きくなり椅子が狭くなってきたのです。
大人用の椅子に座布団を置いて座らせると、勝手に動き回るようになりました。ごはんを一口食べてはリビングに行っておもちゃで遊び、もう一口食べては本を持ってきて読んでくれと言います。

離乳食を卒業してごはんとおかずを用意するようになると、ヨンインは野菜を嫌うようになりました。野菜の味を感じると舌で押し出し、チャーハンやお粥などに野菜を混ぜても緑色のものをよけるのです。よけた野菜を下に落とすので、床はいつもぐちゃぐちゃです。

結局、毎日同じものしか食べなくなり、動き回ってばかりいるので食べる量も十分ではありません。


ある日、外食をしに行くと椅子に座るのを嫌がったので、スマホで動画を見せました。すると一瞬で静かになり、ママがスプーンでくれるごはんを何も言わずに食べました。肉で隠したほうれん草も何度か食べました。

数カ月経つと、ヨンインは動画を見せないとごはんを食べなくなりました。以前は食べていたものもスマホがないと食べなくなってしまったのです。

食べるものが子どもの未来をつくる

このヨンインの事例は、カウンセリングではよく見られます。

ごはんを食べなかったり好きなものしか食べなかったりする子、野菜が嫌いで緑色の食べ物はとにかく食べない子、そして初めて見る食べ物は絶対に食べずに口をギュッと結ぶ子など、偏食する子どもにごはんを食べさせるのは、親にとって簡単ではありません。ごはんを食べないまま放っておけば、成長のスピードが鈍化したり、甘いものばかり食べて虫歯ができたりなど、いろいろな問題が起きてしまいます。そのため、ヨンインのご両親のように動画を見せながら食べさせたり、「3回だけ食べようね」などの約束を守らないとおやつをあげないといった方法を取ったりする場合もあります。

考えるべきことは偏食だけではありません。2022年の1年間にカウンセリングプログラムに参加した105人の親にアンケートを行った結果、食事関連の悩みでいちばん多かったのが「子どもが自分でごはんを食べないので親が食べさせている」でした。その次が子どもが食事の時間に動き回り、好き嫌いをすることでした。偏食がいちばんの悩みだと予想していた私は驚きました。変えなければならない問題は別にあったのです。

睡眠が農業でいうと土地を耕す過程だとしたら、食事は水を撒く工程です。植物が根を張って育つためには十分な水が必要です。人の体も同じです。体のどの部分でも育つためには栄養分が必要ですね。健康的な食事は背が高くなって体重が増えるためのポイントで、健康上の問題が生じるのを防いでくれます。脳にも栄養分が必要です。きちんと機能するためにも、きちんと育つためにもです。

「よく食べる」とは野菜をよけたりしないで、低脂肪牛乳を飲むことではありません。**生きるための能力を育てる、きちんと食べる方法を学ぶこと**です。

「健康は食べ物で決まる」と言います。食べ物で摂取する栄養素が体を構成する細胞をつくるからです。どれだけ健康的でバランスの取れた食事をするかは精神と行動に影響を及ぼします。食べ物から十分な力を得れば元気な気持ちになりますし、その逆もあり得ます。

食べ物は私たちがどんな人として生きるのかを決定するのです。

子どもの場合にはこう言い換えられます。

「子どもが食べるものはその子の未来だ」

今、子どもが食べているものは子どもの現在の健康に影響を及ぼすだけでなく、子どもが生きていく一生の方向を決めることにもなります。今日食べたものは明日も食べる可能性が高いからです。未来のためにバランスの取れた食事をするだけでなく、何をどう食べるのかを学ぶ必要があるのです。

脳の発達のために、子どもが何をどう食べるべきなのか考えていきましょう。

脳の発達に必要な栄養素は？

栄養は新生児から高齢者に至るまで、すべての人にとって重要です。なかでも子どもの人生の初期である、妊娠中から2歳までの約1000日間は脳の発達の黄金期と言われています。脳の基本構造はママのお腹の中でできますし、そのうえこの時期に、子どもの生涯の健康の基礎がつくられるからです。

この時期の適切な栄養摂取は生存に必須なだけでなく、幸せに成長するためにも重要なのです。ミネソタ大学医学部が発表した論文によると、子どもの脳の初期発達に大きな影響を及ぼす要素が3つあります。極度のストレスや感染、安定した愛着と社会的支援、そして十分な栄養です。なかでも栄養摂取は脳の活動、脳の各領域の発達、神経回路の構築に必須です。

栄養は脳の健康や発達にとって重要ですが、時期によって及ぼす影響が変わります。脳の発達は時期によって差があるのです。記憶に重要な役割を果たす海馬は、複雑な認知機能を担う前頭葉より早く発達します。つまり、極度のストレスや栄養不足などの発達を妨げる要素が影響を与える脳の領域は、脳が発達する時期によって変わるのです。

妊娠中から新生児期の栄養不足は、前頭葉より海馬の成長に打撃を与えます。それだけには留まらず、行動の動機付けを担う腹側《ふくそく》被蓋野《ひがいや》[1]などの他の領域の発達に二次的な被害を与えることもあります。また長期的には、海馬の発達を基盤とする学習能力や情緒的健康にもネガティブな影響を与えるでしょう。うつ症状を持つ患者の海馬の大きさがそうでない人より小さいことは、様々な研究で明らかにされています。

それでは、脳の発達に必要な栄養素とは何でしょうか？　人生初期の脳の成長に必須の栄養素をいくつか挙げてみましょう（当然、いちばんいいのは「何でも食べること」です）。

1 タンパク質

タンパク質は**子どもの成長に大きな役割を果たす栄養素**です。人体の正常な成長や維持に必要なアミノ酸や窒素化合物を供給する栄養素で、エネルギー源として使われます。

動物実験では脳とタンパク質の関係をはっきり知ることができます。妊娠中や授乳期にタンパク質が不足すると、身体の成長が遅れ、脳も小さく軽くなります。全般的に成長が鈍化するのです。また、ニューロンの数が少なく、構造も単純になり、神経伝達物質の生成も少なくなります。

このような成長の遅れは以後の行動に困難をきたします。子どもの頃にタンパク質が不足した動物は、大人になっても他の個体とコミュニケーションがうまくいかず、学習や動機付けの能力も落ちるという研究結果もあります。不安症状やそれに類似した行動が多く見られるそうです。[2]

2 脂肪

長鎖多価不飽和脂肪酸《ちょうさたかふほうわしぼうさん》は脂肪と脳の発達について研究するとき頻繁に使われる栄養素です。中でもドコサヘキサエン酸（ＤＨＡ）とアラキドン酸は**妊娠、授乳、乳幼児期の認知機能の発達に影響**を及ぼします。[3]

ＤＨＡは脳細胞の膜に存在し、妊娠後期から2歳以前までの子どもの脳に多く蓄積されます。前頭葉の成長は6カ月頃から始まって、2歳、7～9歳、そして青少年期に急激な成長パターンを見せながら、長い間続きます。この過程には十分な長鎖多価不飽和脂肪酸が必要で、この時期にＤＨＡが豊富な前頭葉は実行機能がよく発達します。

ＤＨＡは脳の機能に特に必須の栄養素で、前頭葉の脂肪酸のうち多くの部分を占めています。体の中で生成されるＤＨＡの量は少ないので、外からの摂取が必要だと言われています。特に母乳は重要なＤＨＡの供給源となり、母乳を飲む子は粉ミルクを飲む子より多くのＤＨＡが蓄積するのです。

3 鉄分

鉄分の欠乏はどの国でも見られる現象です。鉄分が不足すると貧血を起こすだけでなく、**中枢神経系を含むいくつかの器官の機能や成長に影響**を及ぼします。特に乳幼児期に偏食をする子は鉄分が不足しやすくなります。その結果、神経伝達物質の代謝異常や神経伝達のための膜の形成が減少するなど、神経の発達に問題が生じることもあります。[4]

胎児はママから鉄分を伝達されます。子どもは、生まれると迅速な成長のために多くの鉄分が使われて、すぐに鉄分が不足します。生後6カ月までは胎児のときにもらった鉄分で十分だそうです。その後、ヘモグロビンの数値が低くなったら、鉄分を多く含んだ粉ミルクを飲ませるのがいいでしょう。ヘモグロビンの数値が高いのに鉄分を多く含む粉ミルクを飲ませると、10年後の神経発達検査で点数が低くなるという研究結果もあるので、適切な量の鉄分を供給することが重要だといえますね。

女性家族部（韓国の国家行政機関）が提供している「子どもの年齢別育児情報」によると、

小児貧血はほとんどが鉄欠乏性貧血で、子どもの状態を観察して鉄分を補充することを推奨しています。子どもが小児貧血かどうかは普段の子どもの様子を医師に相談したり、簡易な血液検査で確認したりしましょう。米国小児科学会では5歳、9歳、14歳に定期的に貧血検査をすることを推奨しています。

4 亜鉛

亜鉛は鉄分とともに脳に高密度で集中しているミネラルです。DNAの合成に重要な役割を果たし、細胞分裂には必須です。

動物実験では、胎児期に亜鉛が不足したげっ歯類は、脳（小脳や大脳辺縁系、大脳皮質など）がきちんと成長しませんでした。[5] スタンフォード大学医学部の研究によると、亜鉛不足によるシナプスの成熟や神経細胞間の経路形成の阻害が自閉スペクトラム症に関連している可能性があります。[6] 人を対象とした研究では、子どもの頃の亜鉛欠乏が、その後の学習、注意、記憶及び不安や憂うつなどの気分によくない影響があることが分かっています。

5 ビタミンB群

ハーバード大学医学部のウーマ・ナイド博士は、脳の健康のために毎日取るべき栄養素にビタミンB群を挙げています。ビタミンB群は**脳の老化を防ぎ認知機能を維持する**ために必須です。

たとえばビタミンB_1が不足すると、心血管系や神経系の障害が起き、神経系の異常により筋肉痛が起き、感覚、運動及び反射機能にも障害が起きることがあります。胎児及び出生直後のビタミンB_6の不足はシナプスの効率を下げ、神経細胞の密度を減少させ、神経伝達のための膜の形成を遅らせるそうです。妊娠初期に胎児の神経管がつくられますが、この過程で葉酸やビタミンB_{12}が欠乏すると、胎児の神経管欠損が起きることがあります。

栄養に関する情報におどらされないために

脳の発達に必要な栄養素や栄養素欠乏が及ぼす影響の話を聞くと、うちの子は大丈夫かと心配になりますね。栄養に関する研究を参考にするときに注意する点があります。**研究がどんな環境で行われ、どんな子どもたちを対象にしたのかを考える**ことです。栄養不足が脳の発達に及ぼす影響の深刻性は、どんな子どもを対象に言及されているかに注目してみてください。

栄養不足や脳の発達に関する研究は、実はその多くが開発途上国を対象にしており、また先進国で行われていても経済的に脆弱な階層を対象にしているケースが多いのです。すでに栄養欠乏が進行した患者を観察し、栄養が不足しやすい環境にある子どもたちに栄養剤などを供給して、肯定的な効果が見られるかどうかを研究しています。

たとえばワシントン大学では、バナナや大豆、ピーナッツなどを使った食事が骨や脳の発達、免疫力の増進に効果があったと発表されました。これを聞くと、今すぐバナナを買ってきて、毎日毎日子どもに食べさせたくなります。

でもこの研究は、バングラデシュで栄養失調の症状がある子どもたちを対象に行われており、現地で高くて手に入りにくいバナナやピーナッツを使ったにすぎません。ですから、ごはんや野菜、鶏肉などを食べるより、バナナやピーナッツを食べるほうが脳にいいという結論を出してはいけません。

また、特定の栄養素が脳の発達に及ぼす影響を検証するためには、他の要因をコントロールしなければなりません。動物実験が多い理由はここにあります。なるべく似たような飼育環境で育てながら、1種類の栄養素を与える個体と与えない個体に分ければいいからです。人を対象にした研究では、動物のように条件を完全にコントロールするのは難しいです。栄養欠乏の研究に参加する人たちは、環境衛生や疾病、教育水準など、たいてい何か1つは問題を抱えているものだからです。

栄養不足や環境による刺激は、脳の発達に個別に影響を及ぼすだけでなく、この2つが合わさって新たな結果をつくり出すこともあります。

たとえば、ベトナムで行われた研究は、栄養水準の低い未就学の子どもたちと、その子たちが学齢期になってからの認知機能の検査における点数の低さに関連性があることを発見しました。そして、子どもたちが3〜4歳まで幼稚園に通うと、この関連性は相殺されると発表したのです。幼稚園に行かなかった子どもたちは栄養不足が認知機能の発達を阻害しますが、幼稚園に行った子どもたちは栄養摂取による差が出ないそうです。幼稚園が提供する教育環境や多様な刺激が、栄養欠乏によるリスクから子どもたちを守っていると言えますね。

ですから「子どもには◯◯がいい！」という情報を聞いたとしても、一歩ふみとどまり、それは自分の子どもにとって本当に大事な情報かを考えてみてください。

栄養バランスはときどき点検。神経質になりすぎないで！

子どもが生まれた瞬間から、いえ、子どもがママのお腹の中にいるときから、子どもに何を食べさせるかは親にとって重要な問題で、大変気になることです。

たいていは特定の栄養素が不足していないか、最近のメニューを見直すだけで十分。定期健診は必ず受けて、年齢に合わせた小児科医師の推奨事項は覚えておきましょう。子どもが眠れないとか、長期間気分が優れないとか、身長や体重が増えないといった心配があるときには、その都度メモしておいて、健診のときに相談するようにしてください。心配の原因が栄養摂取のせいだと思ったら、最近のメニューをメモして健診のときに医師に相談してもいいでしょう。

私も子どもたちの食事が大きな悩みです。料理が好きじゃなくても離乳食は手づくりしようと頑張りましたし、今も平日の夕方はてんてこ舞いなのに、食事の支度をしなければなりません。食事の時間は怖いくらいすぐにやってきます。だからといって、おかずをつくるたびにどんな栄養素が入っているか考えたり、脳の発達に効くのか資料で調べたりはしません。一生懸命お料理することもあれば、子どもたちのサッカーの練習やピアノのレッスンがある日には、ピザを取って食べることもあります。

子どもたちには十分な栄養が必要ですが、同時に親と仲よく並んで本を読む時間も必要です。**無理に料理をつくって疲れた親とごはんを食べるよりも、リラックスして楽しそうな親と仲よくピザを食べるほうがいいに決まっています。**

脳が送るサインを見逃すな！

脳は食事という、栄養を摂取する行動における指揮者です。飲み食いする行動と脳の関係で大事なことは、**私たちが食べるものを決めているのが脳だ**ということです。食事とは、口の中の食べ物を飲み込むことを意味するのではありません。それよりももっと複雑なことが起こっているのです。

食事は、お腹が空いているのかいないのかを感じることからはじまります。何を食べるか選択することも重要ですね。食事する場所に合わせて、同席する人に迷惑をかけないようにマナーを守ることも大事です。適度に満腹になったら食事をやめるべきですし、体と心の健康を害さないようなメニューと習慣を維持することも必要ですね。

このすべてが脳の役割です。本能といえるものもありますし、文化的学習といえるものもあるでしょう。そして子どもにとっては、**食事について学ぶ最初の場所が家庭**なのです。いつ、どこで食べるか、何をどう食べるか、食事の全般的な理解は家で形成されると言っていいでしょう。大人は子どもにきちんとした食べ方を教えるべきなのです。

きちんと食べる子になるために、脳が見逃してはならないサインがあります。それは、**空腹**と**満腹**です。食べようかやめようかを決定する最も重要な情報です。

アメリカ心理学会の用語辞典では、空腹とは飲食に対する欲求のために生じる感覚と定義されています。空腹は体内の栄養バランスを維持する機能によって調節され、食べたものが消化されると、体の燃料を補充するために空腹サインがつくられます。

消化器官の中の食べ物が減ると、消化器官の筋肉が収縮して、脳がそのサインに気づきます。また、脳は血液の中の栄養素がどれだけあるかも監視しているので、栄養素が不足すると私たちは何かを食べたくなるのです。お腹がグゥーッと鳴るほどなら、消化器官の収縮は限界、すぐにでも何か食べたくなっていることでしょう。

食べ始めて食べ物が食道を通ると、今度は満腹感が出始めます。食べ物が胃に集まると胃の周りの筋肉が膨張し、神経は筋肉が伸びていることを脳幹と視床下部に伝えます。また、食べ物が消化器官で消化され栄養素に分解されると、各種ホルモンが分泌されます。たとえば、食べ物を消化するときに消化を促進するコレシストキニンが分泌されると、このサインを受けた視床下部は食べ物から受ける報酬のサインを減らします。すると食べる楽しみを感じなくなって、食事への熱意が減少するのです。

脳と体が活動するために必要な燃料はブドウ糖です。食べ物を食べて血糖が上がるとインシュリンが分泌され、インシュリンによって分泌されたレプチンが視床下部にサインを送ることで、空腹感と食欲を抑えます。ここまでくればお腹がいっぱいで、もう何も食べたくないと感じるでしょう。

このようにホルモン、消化器官の感覚、脳幹と視床下部が緊密に疎通しながら、食べる食べないを調節しているのです。繊細で美しい仕組みですね。

「感情的摂食」に注意！

とても食欲のある日があれば、反対に何も食べたくない日もあります。甘いものが食べたいこともあれば、何を食べてもおいしくないこともあります。似たような日常を過ごしているはずなのに、お腹が空く速度も食べられる量も、毎日違います。

食欲に影響を及ぼす要因は空腹以外にもいろいろあります。

代表的な例が**気分**です。

激しい不安は往々にして食欲を失せさせます。不安はストレス状態への反応で、体はもしもの危険に備えて、逃げたりケンカしたりする準備をします。血圧や心拍数が上がり、筋肉は硬直して、睡眠や食欲は後回し。胸がムカムカしたり、つかえたりするような感覚は空腹や満腹を感じるのを邪魔するのです。これは子どもも同じで、心配や不安、恐れは食欲減退につながります。特に子どもは不安で緊張すると、お腹が痛いと訴えますよね。

逆の場合もあります。お腹が空いていないのに気分的な理由で食事をする**「感情的摂食」**です。中でも注意が必要なのは、**ネガティブな感情を解消するために食事をすること**です。

子どもたちによく見られる感情的摂食の原因は、退屈とストレスです。2020年に発表された論文によると、感情的摂食をする人は、ストレスを受けたときに食べたものをおいしいと感じ、脳の報酬系システムも激しく反応するそうです。[7] 脳からドーパミンが分泌され、食事をストレスによるネガティブな感情を防ぐ手段にしているのです。

2014年のアメリカの研究によると、8〜12歳の子どもの感情的摂食に影響を及ぼす最も大きな要因は、子どもの機嫌が悪いときに食べ物でなだめようとする親の行動だそうです。[8] **感情的に食べさせる親が感情的に食べる子どもをつくるのです。**

それに、子どもをなだめようとして食べさせるものは、アメやチョコレートのようなカロリーの高いものであることが多いでしょう。感情的摂食のパターンは、食べすぎや肥満などの二次的な問題を生みますが、これは脳と体が緊密にサインをやり取りしても、うまく食べるものを決められないことで起きるのです。

食事がくれる喜びは大切です。ただ、子どもが食事をする理由が空腹のせいなのか、気分がよくないのを解消するためなのか、一度考えてみる必要があります。子どもが泣いたり駄々をこねたりしたとき、甘い棒付きキャンディで気を引いたりせず、親のストレスもチョコレートや甘いクリームを入れたコーヒーでごまかしたりしないほうがいいですね。バースデーパーティーのかわいいケーキは、うれしく楽しい気分で食べたいものです。

体の声を聞こう

人が食べる量はいつも同じではありません。お腹が空いている日もあれば、食欲がない日もあります。おいしいおかずがあればごはんを2膳たいらげるし、気分のよくない日にはどんなごちそうが並んでいても口の中がカサカサします。

息子のソハはデリケートな子です。でも、生まれつき大食いでもあります。食べるのが好きなのに、全然ごはんを食べない時期がありました。歯が生え始めた頃は離乳食を拒否しました。普段より食べないことが気になって、何とか食べさせようとしましたが、あまり効果はありませんでした。ごはんを食べずに、夜になるとグズグズ言って眠らないので、もしかしたら具合が悪いのかと心配しましたが、いつのまにか米粒みたいな新しい歯が生えていました。歯がムズムズして食べたくなかったのでしょう。

娘のユハは学校に入学し、お弁当を食べ始めて2週間でお昼を食べずに帰ってくるようになりました。毎日手つかずのお弁当を生ゴミ入れに捨てるのは、とても悲しいことでした。食欲をなくすほど新しい場所は居心地が悪かったのでしょう。無理やり食べて気持ちが悪くなるよりマシだよ、学校で食べたくないなら家で食べようねと、頭をなでてやるしかありませんでした。慣れない環境に少しずつ適応し始めると、だんだんお弁当を食べるようになりました。お兄ちゃんと同じ量でも、ぺろりとたいらげてくる日もありました。当時は、もちろん心配でしたし、こんなに食べなくて大丈夫なのかと不安でしたが、今にして思えば、子どもの体の声を聞く過程だったのかもしれません。

＊　＊　＊

お腹が空いたら食べたくなり、反対にお腹が空いていなかったりお腹がいっぱいだったりしたときに、食べ物の摂取をやめるのは本能です。生まれたばかりの赤ちゃんも、お腹が空けばお乳のにおいのするほうに顔を向けたり、唇をすぼめてお乳を飲む仕草をしますね。お腹がいっぱいだと舌で哺乳瓶を押し、反対を向いて哺乳瓶を避け、もう飲みたくないと合図を送ります。人が生存のために持って生まれた大切な能力です。親は子どもが育つ過程で、脳がこのサインをきちんと感じて活用できるように見守り、他のサインで混乱しないようにするべきです。

また、食卓に座ったときにお腹が空いているのか、食卓を立つときにお腹がいっぱいなのか、子どもに考えさせるようにしましょう。

もしかしたら子どもは、ちゃんと食べていないのに食卓を離れようとするかもしれません。でも大丈夫です。練習すればいいのです。十分に食べていなければ、次の食事でとてもお腹が空いているでしょう。そのときの体のサインを聞かせましょう。本当にお腹が空いていれば、グゥーッと音が鳴るでしょう？　たくさん遊んだ日にはとてもお腹が空いているでしょうし、風邪気味の日には普段より食べられないでしょう。風邪が治れば食欲が戻り、今まで食べられなかった分までたくさん食べるので、待ってあげてください。

親が食べる量を決めたり、子どもの口に食べ物を入れてやったりするのではなく、子どもも自ら体の声を聞き、自分で食べ方を決められるようにチャンスをあげましょう。きっとうまくいきますよ。

脳を発達させる食育

うちの子はどうしてブロッコリーを食べないの？ そう悩み、口をギュッと閉じている子どもに親はこう話しかけます。「一口だけ食べてごらん。食べたら好きになるよ」

でも、本当にそうでしょうか？ ブロッコリーがおいしくないから食べないのかもしれません。実際その可能性がいちばん高いのです。それに、ボコボコした見た目がイヤで食べない子もいます。口の中で割れる食感がイヤで吐き出す子もいますね。ゆでたブロッコリーのにおいを嗅ぐだけで顔をしかめる子もいます。「緑色」だからイヤだという子もいるでしょう。

人はすべての感覚を使って食べています。そして、感覚の情報を集めて食べ物に対する評価と判断を下します。思ったより複雑なのです。そしてこれも脳の担当分野です。

大人にとって食べるという行為はずっと練習してきたことなので、とても自然に進みます。でも、子どもにとって豆もやしの和え物はとても不思議なのです。豆もやしの頭は黄色くて硬くて、半分に割れています。「何で割れてるんだろう？」と子どもは気になり、親を質問攻めにします。質問に集中すると、口の中に入っているごはんを噛むことも忘れるので、しゃべるたびに外に飛び出してしまいます。

豆もやしの和え物に視線を移し、食べる決心をしても、口の中に入れるのにも一苦労です。豆もやしはもやし同士がからまっているのでうまくつかめません。うーん、リボンを解くみたいに手でバラバラにしようかなあ。何とか1本つかめても、どうやって口に入れればいいのかわかりません。先から？　根っこから？　口に狙いを定めますが、一度には口に入りません。手の動きを調節する能力も、見なくても口の位置を正確に知る能力も、食べ物の大きさに合わせて口を開く能力も、まだ未発達だからです。

そして根っこのほうに視線が行くかもしれません。これは何？　食事中であることを忘れて、豆もやしのひげ根を1つずつ抜き始めます。面白くてやめられません。しばらく抜いているうちに食欲はなくなり、他のことをして遊びたくなります。椅子から降りておもちゃを取りに行きます。

どうでしょう？　こんな感じではないですか？

感覚情報の処理は食事においてとても重要です。空腹と満腹も感覚情報です。椅子に座った姿勢を維持したまま、食べ物をつまんで口に持っていくのも、筋肉と関節の動きを感じる感覚情報です。食べ物の情報を処理するのも重要ですね。目の前の食べ物を感じて、その情報をきちんと学んだ子どもは、自分が何を食べるかきちんと決められるのです。

料理の並んだ食卓に着いたとき、人はまず目で観察します。料理は目で食べるとも言いますよね。狩猟採集の時代の人々は、食料を求めるとき、視覚情報に多く依存していたと予想され、特に霊長類が持っている3色の色覚情報の処理は、緑の森の中で熟れた実を素早く見つけるために進化したと言われています。熟していない青いスモモは食べずに、赤く熟したスモモを選んで食べ、地面に落ちてカビが生えた実は避けるべきなのですから。

子どもも食べるかどうかを決めるときには視覚情報を使います。**今まで食べたものの情報をもとに、目の前の食べ物を見て判断します。**だから自分がよく食べるなじんだ食べ物と似たものほど受け入れやすいのです。なじみがなかったり、嫌いなものと似ている食べ物は、食べようとしないでしょう。

視覚情報の検閲を通過すると、嗅覚と触覚の試験が待っています。**においは食欲に強い影響を及ぼします。**パン屋さんの香ばしくて甘いにおいと、お肉屋さんの脂っぽいにおいを思い出してください。赤ちゃんも甘いお乳のにおいがわかるし、その情報でママを他の人と区別できるのです。

嗅覚情報は素早く脳に伝達されます。視覚情報が目から入って神経を通り、視床を経た長い道のりのいちばん最後に脳に伝達されるのに対し、嗅覚情報は鼻から入って、鼻のすぐ後ろにある嗅球《きゅうきゅう》に移動してから脳の他の器官に伝達されます。

脳で嗅覚情報を処理する嗅覚皮質は、感情と記憶をつかさどる辺縁系《へんえんけい》の近くにあります。においをいい記憶か悪い記憶にすぐに結び付けることで、判断が必要なときにすぐに使用できるようになっているのです。においの区分と好き嫌いは個人の経験に左右されます。発酵した魚のにおいをイヤだと感じる人も、食欲をそそられる人もいるのです。

触感も重要です。子どもは初めて見る食べ物をつぶして、開いて、削りたがります。**触覚的経験は食欲をかき立てます。**サンチュの感触やジャガイモのてんぷらの感じは、特別な食べ物として記憶に残るでしょう。口に入れた食べ物でもにおいや触感がわかります。食べ物を噛みながら呼吸をすれば、においは嗅覚情報として入力されます。においが嗅げなければ味も感じません。触感に敏感な子どもには口の中の質感が重要です。ゆるいものが嫌いな子もいれば、コシのあるものが嫌いな子もいます。

口の中に食べ物を入れたら次は味を感じる番です。甘味、酸味、苦味、塩味、うま味の5つの基本味は、味蕾《みらい》で入力され脳に伝わります。人によって味の感じ方は違います。生まれつき味蕾が多い人は味を強く感じます。日常でよく言う料理の味は、科学的な意味の味とは少し違います。**口の中に食べ物を入れて噛むことで入力されるにおい、触感、音を合わせると、その食べ物の「味」が決まる**のです。

食事の時間には五感を使って、料理がくれる経験に子どもがどっぷり浸かれるようにしてあげましょう。ズズーッと音を出しながら口の中に吸い込まれるククス（韓国の麺料理）と、短く切れていてスプーンですくわなければ食べられないククスの味は絶対に同じではありません。ママが入れてくれたキムチと一緒に食べるとさらにおいしいはずです。誰がたくさん食べるかきょうだいでケンカになることもあります。

この経験は感情とともに保存されて残り続けます。

子どもたちの脳はまだ発達中です。すくすく育つという意味でもあるし、入力された情報をうまく処理する方法を学ぶ段階にいるという意味でもあります。これを自然に行うためには長い練習期間が必要です。子どもの情報処理は大人とは違うのです。

大人の目には食事の時間に目に見えるものを口に入れて食べることが重要ですが、子どもにとってはそうではないことを忘れないようにしましょう。それが子どもにとって大事なことで、楽しいことでもあるのです。大人にとっては何の変哲もない豆もやしの和え物一皿が、子どもには新しい経験になります。新たに学んだ情報を知っていることに混ぜ合わせて、素敵な何かをつくり出すのです。

偏食の原因、もしかして食わず嫌い？

子どもが五感を使って食べ物について学ぶとき、必然的に起こること。それが偏食です。子どもの偏食は親を苦しめる障害物の1つです。つくったおかずの半分を捨てることにもなりかねません。食べないからといって食べさせないわけにもいきませんし、つくったのに食べてもらえないと、失望と挫折がやってきます。これを1日3回繰り返すのです。料理して食卓に並べるだけが「食事」ではありません。買い物をして、食材を保管し、食べ終わったら片付けて整理をするなど、多くの時間がかかります。食べたくないという子どもと言い争いをしたり、逃げ回る子どもを追いかけたりします。

回避・制限性食物摂取症に分類される人は、世界人口の0・3〜3パーセント程度ですが、アメリカでは成人のほぼ30パーセントが自分を偏食だと思っているそうです。アメリカとカナダが共同で行った2003年の研究によれば、2歳の子どもを持つ親の50パーセントが、自分の子は偏食だと答えたといいます。オーストラリアの研究では、子どもが「やや偏食だ」または「偏食だ」と考える親が70パーセントになると報告しています。

韓国の国民健康保険公団が発表した2016年の資料でも、5〜6歳の子どもの42・5パーセントに偏食の傾向があると報告されています。半分近くが経験する偏食は特殊な問題なのでしょうか？

私は**偏食は脳の発達の自然な過程で、誰もが経験することだ**と思っています。偏食をしたことがない、出されたものを何でも食べる子どもは見たことがありません。いろいろなものを喜んで食べる子どもと、限られたものだけを食べる子どもがいるだけです。大人だって好きなものと嫌いなもの、食べられないものがあるのですから。

各研究を総合すると、偏食が最もひどい時期は2〜5歳、少し広げると1〜6歳です。この年齢は歩き回って食べたり、食べ物を手でつかんでいたずらをしたりするので、親の悩みが多くなる時期です。食事の悩みが増えるのにはいくつか理由があります。

食事に関する悩みが増える3つの理由

理由1：食事のスタイルが大きく変わる

まず、**子どもの食事自体が大きく変わる**時期だからです。母乳やミルクだけの単調な食事から抜け出し、大人が食べる多様なものに接する時期です。液体をごくごく飲み込んでいるだけだったのが、新たな質感の食べ物が口の中に入ってくる感覚的ショックを経験します。

初めて接するものを自然に受け入れるまでには、慣れる過程が必要です。おいしくて最初から好きになるものもあるでしょうが、なじむまで時間がかかるものもあるでしょう。離乳食では食べていたものを食べないということもよくあります。お粥の中に入っていた刻んだブロッコリーと、小さな木みたいなゆでたブロッコリーは全然違いますから。

味覚もそうです。子どもは酸味や苦味を感じる野菜のおかずを拒否します。酸味や苦味を拒否して甘味を好むのは本能の仕業です。赤ちゃんでもこのような傾向があるそうです。

でも、いろいろなものを味わっているうちに、酸っぱい和え物や苦いコーヒーもおいしいことを覚えていきます。砂糖を入れないアメリカーノをおいしいと感じたのは何歳の頃でしたか？　たいていは大人になってからその味のよさを知ります。味を覚えるためにはこんなに長い時間が必要なのです。

理由２：遊びの面白さを知ってしまった

次の理由は、**子どもが移動する機会が増え、多様な遊びを始める**からです。言い換えると、遊びの面白さを知ってしまうからですね。

この時期の子どもは身体能力と認知能力が爆発的に発達し始めます。その発達のためには練習が必要です。かけっこやジャンプも練習しなければいけないし、言語の発達のために言葉も練習しなければなりません。覚えたての自動車遊びやお人形遊びは楽しくてたまりません。それに比べると、食事の時間はちょっと退屈です。

本当にお腹が空いていれば座ってごはんを食べますが、ちょっとお腹がいっぱいになると歩き回り始めます。偏食の直接的な理由ではありませんが、食べる量が減るのは確かです。気に入ったおかずがない日には、さらに興味をなくすでしょう。

世の中には面白いことがたくさんあるのに、子どもたちが集中できる時間はまだそれほど多くないのです。歩き始めた子どもの移動率が高まると、食べることに比べて運動量が増えていきます。だから1歳以降は生後1年までのように太らないのが普通です。

理由3：フードネオフォビア

最後に、子どもの偏食に最も大きな影響を及ぼす要因は**フードネオフォビア**です（フードは食べ物、ネオは新しい、フォビアは恐怖症）。慣れない食べ物を避ける行動で、目の前の食べ物になじみがない場合は食べようとしません。

動物実験で、フードネオフォビアは特定の味を嫌う味覚嫌悪とは違い、神経回路が関係していることが明らかになりました。心理学者ポール・ロジン教授は「雑食動物のジレンマ」という言葉でフードネオフォビアを説明しました。雑食動物はいろいろなものを食べて多様な栄養を摂取していますが、同時に、何でも食べるので毒性を摂取するリスクがあります。これまでの経験から安全なものとして分類されたものは安心して食べ、なじみがなく危険性の判断ができないものは避けるように進化したというのです。

フードネオフォビアが最も激しくなる時期は2〜6歳です。子どもが親の目の届かないところで何でも口にしてお腹を壊すのを心配して、親がよくわからないものは食べさせない傾向が強まるのではないかと推測されます。6歳を過ぎても、新しい食べ物に対する拒否感は誰にでもあります。

食習慣の学習にも十分な時間が必要です。ママの胸に抱かれて温かい母乳を飲むのと、堅い椅子に座って冷たいお菓子を食べるのは、天と地の差があります。哺乳瓶とスプーンも違いますし、首に掛けられたエプロンも邪魔でしょうね。

「まんま」という赤ちゃん言葉が「お腹空いた。ごはんちょうだい」になるまで2年近くかかるように、お茶碗、お椀に入ったものをお箸とスプーンで落ち着いて食べるようになるまで、同じくらい時間がかかると思ってください。

1歳頃のソハは、「食器」の使い方を受け入れるまでしばらくかかりました。どんな食べ物も食器を引っくり返して手でつかんで食べるのです。だから外食のときにはトレーを取り外しできるブースターシートをいつも持参していました。スープは頼めませんでしたね。

ソハは小さなお皿に入れたおやつを指でつまんで食べることから始めて、だんだん食器を認めるようになり、その後にようやく、子ども用のトレーに入れたごはんとおかずを上手に食べるようになりました。2歳頃にはお茶碗とコップを、3歳頃にはお箸を自由自在に使えるようになりました。小学生になる頃には、まったく何の問題もありませんでした。

子どもの偏食や食習慣に最もよくない影響を及ぼすのは、**強圧的で落ち着かない食事の時間**です。食べる量の少ない子、偏食する子の食事の時間は、たいてい落ち着かないものです。お腹がいっぱいだと言っても、もっと食べなさいと言われ、食べたくないと言っても一口だけ食べてごらんと言われます。ちゃんと食べないからと子どもを叱り、全部食べたらアメをあげると言って懐柔しようとします。子どもの口におかずを無理やり入れることもあります。

これらは子どもがごはんを食べないことで何か問題が起きるのではと心配しているからこそのものですが、残念なことに、こうした行動は役に立つどころか反対の結果をもたらします。子どもの自立に干渉してしまっているからです。叱られたり、嫌いなものを強要されたりするのですから、食事の時間がさらに嫌いになりますよね。子どもは食事の時間が落ち着かず緊張するので、ますます食欲がなくなります。

親が食べ物の量や種類に干渉すると、子どもは自分の体を理解し、適切な意思決定をする機会を奪われることになります。多くの研究が無理やり食べさせても偏食の改善には効果がなく、自分で食べたい量以上にたくさんの量を食べさせることはできないと言っています。食事の時間のネガティブな経験は、大人になっても影響を及ぼします。

未就学期に最もひどくなるフードネオフォビアと、離乳式を卒業して新しい食べ物を経験する時期が合わさって、幼児期は偏食が最も激しい年頃となります。

野菜を食べない、新しいものを拒否する、お箸やスプーンを使わない、食事の時間に歩き回るなどの問題は、大きくなれば改善します。偏食のせいで栄養バランスが悪くなる子もいますが、たいていの子どもは成長に問題はなく、6歳頃から偏食がなくなっていくといいます。希望が持てるでしょう？

繰り返し同じ食べ物に接しているうちに、食べてみようかなと思う可能性もあります。この過程には豆もやしを1本ずつつまんだり、煮干しの上にほうれん草のお布団を掛けたりする遊びも含まれます。今すぐほうれん草をよく噛んで飲み込むのは難しいかもしれません。でも、子どもは毎日新しい世界を学んでいます。

今日は形を、明日はにおいを、あさっては質感を経験し、そのうち新しいおかずを口に入れて、もぐもぐ食べる日も来るでしょう。そのときは勇敢なチャレンジを喜んであげてください。楽しくてリラックスした雰囲気で食事する環境をつくることが、子どもには何よりの応援になります。

脳を脅かす甘〜い誘惑

甘いおやつを嫌う子どもはほとんどいないでしょう。大人も同じですね。人はたいてい糖分、つまり炭水化物がつくり出す甘い味が大好きです。体が活動するためには、食べ物から栄養分を取る必要があります。炭水化物はエネルギー供給の中心的な役割を果たしています。穀物、野菜、果物、大豆などには炭水化物が豊富に含まれていて、世界中の国々でこれらを主食にしています。炭水化物を摂取すると、代謝の過程でブドウ糖が放出され、体はこれをエネルギー源として使用します。ブドウ糖は体を構成する細胞が働くための燃料になります。もちろん、脳の神経細胞も含まれていますよ。

大昔の人は強い甘さを感じる機会が多くありませんでした。森を歩き回って運がよければ甘い木の実を食べることができる程度だったでしょうから。そのため、**脳は炭水化物を積極的に求めるべきだということを知っています。**炭水化物は体に燃料を供給するために最もいい栄養分なので、炭水化物の甘みが好きになるように進化したのです。脳の中の報酬システムにより、口の中に甘いものが入ってきたとき快感を覚えるように設計されているのですね。

報酬系がくれる快感の役割は重要です。この快感を何度も感じるために同じ行動を繰り返すのです。ドーパミンはここで重要な役割を果たします（4つ目のサイクル「遊び」で詳しく説明します）。ドーパミンの役割はいくつかありますが、その中でも神経科学者が口をそろえて言うのは、**報酬を得るための動機付け**の役割です。人には絶対に必要で重要な役割ですね。偶然見つけた木の実の甘さは脳に報酬信号を送り、以後も木の実を探し続け、食べて生き残れるようにしてくれるのです。

でも、現代社会では甘いものは珍しくありません。果物の甘味は品種改良で強くなり、酸味や苦味はあまり感じません。砂糖や人工甘味料を使った食べ物は天然素材よりずっと甘味が強いですね。これらは普通では考えられないほどに高いレベルの報酬信号をつくり出し、脳はこれに耐えられなくなります。耐え難い誘惑となるのです。

砂糖、人工甘味料がつくり出す甘味は脳に大きな影響を及ぼします。強い甘味はドーパミンを大量に分泌させるのです。ドーパミンの分泌量は食べ物の選択において重要な指標になります。**強い甘味を何度も経験するために何度も食べるようになります。**

フランスのボルドー大学は、甘味が動機システムに及ぼす影響についての研究を２００７年に行いました。ネズミに人工甘味料の一種であるサッカリンを混ぜた水と、中毒性の高い薬物であるコカインを含んだ水を用意しました。[9] ２つのレバーのうち１つを押すとサッカリンが、もう１つを押すとコカインが出ることを教え、どちらを選ぶか観察しました。結果、90パーセント以上のネズミがコカインよりサッカリンを選びました。時間が経つほどコカインを選択する回数が減り、コカインの１回当たりの投与量を増やしても、この傾向は変わりませんでした。脳の報酬経路でドーパミンを素早く、多く分泌させる物質ほど中毒になる可能性が高いのです。脳が快感を繰り返すよう働きかけているのですね。

甘味の中毒は脳の働き方も変えてしまいます。人には適応能力があるからです。子どもの頃に食べたお菓子の快感の記憶は消えませんが、味に慣れ、最初に感じたほどうれしくなくなります。暗い部屋から外に出ると、最初は日差しがまぶしくても時間が経てば慣れるように、繰り返し同じような甘味に接していると快感が減ってしまうのです。

以前のような快感を得るためには、もっと強い甘味が必要になります。甘味に耐性ができているのです。耐性は中毒の発生と維持に重要な役割を果たします。**次第に甘味料の量が増え、甘い調味料がなければ味を感じなくなってしまうのです。**

また、報酬以外の他の脳の機能が乱れます。砂糖をたくさん食べさせたネズミは、本能的に得意な空間の把握ができなくなるという研究結果があります。[10] 注意力が必要なミッションも不可能になるそうです。[11] ネズミを新しい環境に置くと、環境を探索し、学ぶ過程でドーパミンシナプスが急増します。でも、中毒性の強い薬物であるメタンフェタミンを投与したネズミは、新しい環境でもドーパミンシナプスに変化が見られないそうです。**ドーパミンに関連した刺激の中毒になると、学習能力が低下してしまうのです。**

砂糖が多動性と関連するかについては議論がありますが、多動性のある子どもの食事に砂糖が多く含まれていることは確かです。アメリカの学校では行事で定番の甘い食べ物（ハロウィンのキャンディ、クリスマスのクッキー、バレンタインデーのチョコレートなど）が提供される日には、「午後の授業は終わったな」とあきらめる先生がたくさんいます。砂糖が入ったものを食べて興奮するシュガーハイで、子どもたちが授業に集中できない経験を何度もしているのです。

注意してほしいことがあります。「炭水化物は悪者だ」と言っているわけではありません。成長期の子どもがきちんと育ち活動するためには、炭水化物によるエネルギー供給が必須です。世界保健機関やアメリカ食品医薬品局では、毎食の3分の1から4分の1は炭水化物を摂取するよう推奨しています。ただし穀物や野菜、果物のような複合炭水化物ではなく、**砂糖、シロップ、濃縮液体甘味料など、血液中に素早く糖を放出し、血糖を急激に上げる単糖類や、他の栄養素がなくても甘味を出す人工甘味料に注意してほしい**のです。

現代社会では甘味を避けて暮らすのはほぼ不可能でしょう。朝はパンにジャムを塗り、午後には甘いものを飲んでお菓子を食べます。楽に気分よくカロリーが補充できますね。でも、脳にとっては健康とは言えません。子どもに毎日甘いおやつを与えるのは考え直したほうがいいでしょう。

小児肥満が脳に危険なわけ

かつて、食事に関連する最も大きな問題は栄養不足と飢えでしたが、今では飢えは世界的にもずいぶん解消されています。相変わらず栄養摂取が不足している国はありますが、1世紀前と比べれば驚くべき水準だと言えるでしょう。一方で過剰栄養摂取による肥満の人口、そして栄養バランスを崩している人口が毎年増えています。

子どもたちも同様です。無償給食が提供され、安価で食材を購入する機会は増えましたが、同時に**食料摂取による問題を抱える子どもたちがだんだん増えてきています。**血圧、心臓疾患、2型糖尿病、肥満、骨粗鬆症、貧血、虫歯などがその例です。特に小児肥満は成人の肥満につながる確率が高く、その他の健康問題の原因にもなるので看過できません。

中央大学付属病院のイ・デヨン教授の分析によると、韓国では、小児、青少年の肥満は、2015~2019年の4年の間に2倍以上増え、糖尿病、高血圧、脂肪肝といった、かつて「成人病」と呼ばれていた疾患の発病率も20パーセントから40パーセントに増加したそうです。そのうえ新型コロナ感染症の流行で子どもたちが室内で過ごす時間が増えたことで、小児肥満がかなりのスピードで増えているといいます。国民健康保険公団の肥満診療現況資料によると、コロナ禍以前の2019年と比べて、2021年上半期には9歳以下の子どもと10代の青少年の肥満診療が80パーセント以上増加したそうです。子どもの肥満の増加は公衆保健学の観点から主要な社会問題に挙げられます。小児肥満が増えるということは未来の社会全体の健康を脅かす要因になるからです。

肥満は脳にも影響を及ぼします。肥満が引き起こす糖尿病、高血圧、炎症やうつ症状は、成人の認知機能低下の要因になります。子どもにとっても同じ。肥満や過体重は実行機能や注意力にも影響を及ぼし、糖分や飽和脂肪酸が多いメニュー中心の食事は、衝動抑制能力を低下させ、体によくない食べ物を我慢できなくする悪循環を生みます。[12] 現在まではっきりした因果関係は明らかにされていませんが、多くの研究で肥満と低い学力、または認

知機能低下の関連性が指摘されています。これらは脳の構造にも反映されます。ケンブリッジ大学の研究によると、肥満の子どもの大脳皮質《だいのうひしつ》は平均して薄く、特に左脳右脳双方の前頭前皮質《ぜんとうぜんひしつ》が薄いことが確認されました。[13] この領域は注意力や衝動調節、及び意思決定に重要な役割を果たします。脳への影響はそれだけではなく、脳の領域間の意思疎通を左右する白質《はくしつ》の主要経路の連結性も減少します。[14]

肥満と脳の発達に関する研究はまだ進行中ですが、多くの研究結果は、脳がうまく機能することを妨害する何かが、肥満や肥満をつくり出す環境及び習慣にあることを示唆しています。

肥満より子どもが食べないことを心配しているかもしれません。それでも小児肥満について話すのは、**子どもの頃の偏食や間違った食習慣が度を越すと肥満につながる**からです。ごはんを食べない子どもに親が食べさせてやる習慣や、多様な食事を取らず、ファストフードや糖分を含んだ飲料などをごはん代わりにする習慣があると、長期的には栄養失調ではなく肥満につながる可能性が高いのです。

最も注意すべきなのは、**テレビやスマホで映像を見せながら子どもにごはんを食べさせる**ことです。多数の研究から、食事の時間のデジタルメディアの視聴と肥満との関係が確認されています。

理由は、映像の視聴が脳を忙しくすることにあります。派手に動き回るテレビの中の人物やキラキラする画面は強い視覚刺激になるので、脳は情報を処理するために他のことに気を遣う余裕がなくなるのです。映像を見ながら食事をすると、満腹のサインにも鈍感になり、普段より多くカロリーを摂取してしまいます。[15]

そのうえ食べた後に自分がどのくらい食べたのか記憶できなくなります。摂取した食事量の記憶が次の食事の量に影響を及ぼすため、食べたものを思い出せなければ、次の食事ではもっとたくさん食べてしまいます。

加えてテレビに気を取られると食事に集中できないので、子どもは自分の体を管理する方法を学べなくなります。そして、これが続くと子どもは肥満になる可能性があるのです。

体と脳が疎通しながら食事ができるよう、食事の時間には食事に集中できる環境をつくりましょう。

水をしっかり飲もう

私は子どもたちの食事に毎回すべての栄養素を取り入れることはできませんが、これだけは欠かさず取り入れている、というものがあります。水です。人の体の50パーセントから60パーセントは水が占めています。成人の脳の75パーセントも水です。体内の水分を維持するのは重要なことなのです。人は暑い日や運動をしたときに体内の水分を汗として排出し、汗の蒸発で温度を下げるという方法で体温を調節します。体内の水分は身体能力の基盤でもあります。運動中に体内の水分が減ると、運動能力や体温調整能力が低下し、運動への動機付けが減少してよけいつらく感じます。[16]

脳にとっても水分は重要です。水分が不足すると記憶や集中力などの認知機能が低下し、すぐに疲労を感じます。気分もよくないでしょう。夜の間は水を飲む機会がないので、朝は必ず水を飲むようにしましょう。２０１２年のイタリアで、９～11歳の小学生が家でどれだけ水分を摂取してから登校するのか調べた研究があります。登校した子どもたちの尿を採取して、水分摂取の程度を検査したのです。その結果、85パーセントの子どもが水分不足の状態でした。その後、数学と言語の課題を与えたとき、水分が不足した子どもたちは課題遂行能力が落ちることを発見したそうです。[17] イギリスの研究でも、７～９歳の小学生に水を25ミリリットル飲ませると、注意力検査の点数が30パーセント程度上昇したといいます。でも、渇きを解消するためには３００ミリリットル以上の水を飲まなければならないそうです。[18]

水をしっかり飲むためには、脳が水分のバランスを計算し、水を飲むという行動を決定しなければなりません。水分バランスは恒常性のメカニズムで調整されます。水分不足や過剰の信号が脳に伝達された場合、水が不足するときは、水を飲ませて尿の量を減らし、逆の場合には水を飲ませないようにして、尿の量を増やします。**尿の調節を除けば、体の中の水分を維持する方法は水を飲むことだけです。**これは渇きという感覚によって促されます。

水分が不足すると、細胞内の水分が細胞の外に放出され、細胞が小さくなります。細胞の収縮を感知した脳は、渇きを覚えて水を飲むように体に指示を出します。スープや牛乳、果物など、水以外のものから水分を得ることもありますし、暑い日や寒い日に体温を調節するために水を飲むこともあります。味などの好みで飲む飲料もありますね。社会的目的のために飲料を飲む場合もあります（人に会って話をしようという意味で「コーヒーでも飲もう」と言いますよね）。

渇きを覚えて水を飲むことも子どもが学ぶべき能力です。

水を飲む習慣のない子は喉が渇いたことを感じられないだけでなく、渇きを他のことと錯覚したりします。代表的なのは空腹でしょう。脳が水の不足と食べ物の不足の違いを判別できず、何かが足りないからとりあえずお腹に何か入れようという決定を下します。水を飲むべきときにおやつを食べることになるのです。

渇きの判別には成功しても、水ではない飲料を選択することもあります。糖分やカフェインが多く含まれる飲料は、渇きを解消できず、むしろさらに喉が渇きます。特にカフェインは利尿作用で体の中の水分を外に出す役割を持っています。糖が多く含まれた飲料を飲む習慣は、不要な熱量を追加摂取し、肥満を引き起こすことにもなります。子どもの飲料も大きな違いはありません。２０１８年の韓国消費者院の調査によると、子ども用の飲料に含まれた糖分は最低5グラムから最高24グラムで、糖分が高い飲料を１瓶飲むと、１日当たりの糖分摂取量の60パーセント以上を摂取することになるそうです。

残念なことに脳はこうした飲料と水の違いを区別できません。液体をごくごく飲むと、それが何であれ、水を飲んだと考えるのです。人の体は血糖の上がり下がりを感知することはできますが、糖分の高い飲料を１瓶飲んだことを食事を１食取ったことと同じだとは考えられません。飲料よりも水を飲む習慣を育てるべきなのです。家に水以外の飲料を買い置きせず、出かけるときには水筒を持ちましょう。私は子どもたちが外で走り回っているとき、折を見て「Water Break!（お水飲んで！）」と叫んで水を飲ませています。遊んでいると喉が渇いていることにも気づきませんから。渇きを水で解決する習慣をつければ、糖分の高い飲料の摂取も減らせるはずです。

脳が大好きな4つの食習慣

新鮮な食材でつくった料理ではなく、便利で安い高カロリーの食べ物が子どもたちの食生活を揺さぶっています。だから家庭の役割がさらに重要になります。子どもが大人になるまで、ずっと一緒に食事をするのは家族ですから。脳は食事において重要な役割を果たしています。十分な栄養素を供給して子どもの脳を発達させることも重要ですが、**どんな食べ物をどう食べるか、きちんと決められるようにする**ことも重要です。

親は健康的な食事を提供することで子どもの脳を育てるだけでなく、大人になってもいい食習慣を維持できる能力を育てなければなりません。子どもたちにごはんを食べさせるための親の行動の中には、これを邪魔するものもあります。子どもの健康を守る食習慣を育てるために脳が覚えるべき能力と、家庭でするべきことを4つ選んでみました。

《子どもの健康を守る4つの食習慣》

1. 食事の時間を決める
2. 健康的なメニューを提供する
3. マナーを守って楽しく食事をする
4. 栄養素と食べ物について一緒に学ぶ

1 食事の時間を決める

食事の時間はきちんと決めましょう。睡眠時間を一定に維持して睡眠パターンをつくるのと似ています。食事の時間がバラバラだと、子どもの日課も安定しません。家族の日課に合わせて、できるだけ同じくらいの時間に食事をするようにしましょう。**規則的な食事の時間に慣れると、子どもの体が食事の時間を予測できるようになります。**

家ではあまり食べない子どもが幼稚園ではよく食べる場合は、食事の時間が家とどう違うのか、一度考えてみましょう。幼稚園では一定のルーティンに従って、食事の時間は決められており、その時間になればみんながしていたことをやめ、一緒にごはんを食べます。子どもでも「ああ、今はごはんを食べる時間なんだな！」と気づきやすいのです。

食事の時間を決めるときには、子どもが適度にお腹が空いている時間であることが重要です。間隔が短いとあまりお腹が空かないでしょうし、間隔が空きすぎるとお腹が空いて日常生活に支障が出てしまいます。

おやつも時間と量を調節しましょう。 おやつは食事と食事の間の空腹を避けるためのものなので、おやつを食べたせいで食事がきちんと取れなくなるのは避けるべきです。

2 健康的なメニューを提供する

家族が健康で幸せになるメニューを提供しましょう。毎食完ぺきな栄養バランスの食事を提供しなさいとか、親が用意した食事を子どもは残さず食べるべきだという意味ではありません。子どもがリラックスして食べられる食事を用意して喜んで食事ができるようにし、新しい味を提供して多様な料理に親しめるように助けてあげてください。

子どもが食事を残すのが心配なら、量を少なくして、もっと食べたがったら少しずつ与えるようにしましょう。１歳前から固形の食べ物を味わうと、その後偏食が少なくなると言われています。苦味のある野菜を食べるのを嫌がっても、他の食べ物と一緒に食べて味や香りに慣れてしまえば、よく食べるようになる可能性も高まります。子どもが好きなソースをかけてあげるのもいい方法です。親の役割は**多様な食材を多様な方法で根気よく紹介すること**なのです。

3 マナーを守って楽しく食事をする

家族が集まって一緒に食事をし、マナーを守って楽しく食べる雰囲気が大事です。子どもは指示に従って覚えるより、大人の行動を真似しながら覚えるほうが好きです。子どもにはちゃんと座って食べなさいと言いながら、席を外して他のことをしたり、子どもがごはんを食べているときにリビングでテレビを見たりする大人がいると、子どもは適切な食事のマナーが学べません。

研究によると、**家族が一緒に食事をすることには多くの利点がある**そうです。家族と一緒に食事をする子どもは言語の発達が強化され、自尊心が高まり、偏食がなく肥満の可能性も低くなります。1人で食べる子どもより野菜や果物をたくさん食べ、ビタミンや無機質も多く摂取するそうです。親が食べることを強要しなければ、この傾向はさらに強くなります。まだ食べたことのないものを親がおいしそうに食べながら、どんな味か説明してあげれば、食べ物への好奇心が刺激され、恐怖もなくなります。

4 栄養素と食べ物について一緒に学ぶ

知識は正しい意思決定のための力になります。「野菜は体にいい」といったあいまいな表現ではなく、「お米に入っている炭水化物は動くための力になる」のように具体的な情報を子どもに与えるといいでしょう。テキサス州立大学の児童発達研究によると、3歳以上の子どもは目に見えないものがあると理解しているそうです。手に細菌がいるから洗わなければいけないとか、砂糖が水に溶けて砂糖水になっても、その中に砂糖の成分が存在していると説明すればわかるはずです。

だから、意味がないと思わずにいろいろな料理や栄養素、調理法についても教えてあげましょう。買い物や料理に興味を持ち、お手伝いするようになってくれればいいですね。

土の中から出てきたジャガイモが、食卓の上でジャガイモ炒めになるまでの話がきっかけで、ジャガイモが大好きになるかもしれません。子どもは経験しながら学ぶことがいちばん好きなのですから。

優しい脳科学相談室

Q

DHAのサプリメントは必要ですか？

A

DHAのサプリメントが認知機能などに効果がある可能性はありますが、必要とは言いきれません。

DHAが脳の発達に必要な栄養素であるのは事実です。サプリメントが子どもの認知機能や注意力の発達に効果があるという研究結果も出ていますが、常に一貫した結果が出ているわけではないそうです。2012年のオックスフォード大学の研究では、読解の点数が下位20パーセント以下の子どもは、オメガ3のサプリメントを飲んでから点数が上昇し、ADHDの子どもにオメガ3のサプリメントを処方した後、行動が落ち着いたと親か

ら報告があったそうです。でも、同じ研究でＡＤＨＤの子どもの教師たちは子どもの行動に変化はないと答えたそうです。２０１７年、２０１８年の研究では、オメガ3のサプリメントはＡＤＨＤの症状や記憶、読解能力などに影響を及ぼさないと報告されました。[19] ＡＤＨＤの症状緩和効果に期待するには証拠が十分ではないようです。

視力にはＤＨＡのサプリメントが効果があると結論づけられましたが、これが認知機能の発達にも影響を与えるという証拠はありません。児童対象の研究ではありませんが、魚をよく食べる高齢者は認知機能の減退がゆっくり進み、アルツハイマーのリスクが減るという研究結果もあります。

これらの研究から、私はサプリメントを食べるべきだと結論づけるのは難しいと考えています。でも、時間が経って多くの研究が進めば、私たちが知っている科学的な結論が他の理論に取って代わられることもあるので、もう少し様子を見てもいいでしょう。子どもにどんな栄養成分が不足しているのかが気になるなら、小児科の医師と必ず相談してください！

Q

硬いものは食べないし、ちょっと熱いとすぐに吐き出してしまうのですが、どうすればいいでしょう？

A

他の子よりも小さな違いを感じやすいのかもしれません。専門家に相談したり、別のアプローチを試してみましょう。

感覚情報を処理するのが苦手な子どもがいます。この状態は感覚処理障害と呼ばれています。服のガサガサした部分に我慢できなかったり、突然大きな音がしたとき人より驚いたり、体をこすったりぶつけたりするなどの行動を見せたりします。感覚器官から入ってくる情報をうまく扱うことができないのです。他の子より小さな違いに敏感で、その違いを感じると強く反応します。少しの暑さや寒さでも、人よりも不快に感じてしまうのです。

こういう子どもたちにとって、食事は特につらい時間になるでしょう。食事は絶えず入ってくる感覚情報の饗宴ですから。食べ物が熱かったり冷たかったりすると食べないし、硬いものや噛み切れないものは丸飲みしてしまうかもしれません。反対にいつまでも噛み続けたり飲み込もうとしなかったりすることもあります。そして、味やにおいの強いものより薄味のものを好みます。

もちろん、どんな子どもにもこうした傾向はあります。昨日はよく食べていたのに、今日はぶよぶよすると言って食べないかもしれません。でも、子どもが長い間、食べ物に接することがつらそうで、それが感覚的な問題だと考えられるなら、専門家に相談することをおすすめします。子どもが楽に食べられる方法を教えてくれるはずです。

感覚処理障害と診断されるほどではなくても、子どもが特定の感覚に敏感なら、遊びからアプローチするのがいいでしょう。触感に敏感な子なら、その子が好きな質感のものをいじりながら遊べるように誘導し、味に敏感な子なら、その子が好きな食材を使って、いろいろな切り方や調理法を見せて、受け入れられる食べ物の範囲を広げてあげるといいでしょう。

Q

母乳で育てた子は賢いですか？　粉ミルクで育てた子は大きくなりますか？

A

母乳が脳の発達にいい研究結果は多数ありますが、本当に大切なのは、養育者の愛情と、健康に楽しく育児をすることです。

母乳が脳の発達にいいという証拠は多数あります。母乳は本来、子どもの成長のためにつくられたものですから。母乳に入っているＤＨＡが脳の発達に必須なのは間違いありません。粉ミルクに添加された成分にどれだけ効果があるのかははっきりしていません。ＤＨＡが強化された粉ミルクに効果はないという研究もあります。母乳で育った子どもは認知機能の発達が速く、ＩＱも高くて、成績もいいという研究結果があります。実際に脳を撮影した結果、２歳まで母乳を飲んでいた子の白質の発達速度は速く、４歳までの認知機能の発達レベルに関係があることがわかったそうです。

でも、栄養不足の研究と同様にこれらの研究は、１つの要因の影響を検証するために他の要因を最大限除外したものです。脳の発達に影響を及ぼすのは、母乳か粉ミルクかという議論だけでは答えは出せません。重要なのは養育者の愛情です。粉ミルクで育った子でも養育者にたっぷり愛されて育っていれば心配はいりません。母乳の大きな長所は、温かいママの胸に抱かれて目を合わせながらお乳を飲む子どもが感じる絆だそうです。

それなら、粉ミルクを飲ませている間、子どもを胸に抱いて愛情いっぱいの目で見つめて、絆をつくればいいのではないでしょうか？　ママではない人でも可能なのですから、こんなにいいことはありません。母乳の授乳ができる状況ではなく粉ミルクを選択する人もいるでしょう。母乳を飲ませながらママが過度にストレスを感じたり、健康を害したりするよりは、粉ミルクの助けを借りて、健康に楽しく育児をするほうがいいと思います。

逆のことを心配する人もいるでしょう。粉ミルクで育った子どもは生後1年間の成長速度が、母乳で育った子より速いのです。そのため過去には粉ミルクのほうが栄養面で優れていると考える人がいました。人は母乳で育つのが基本なので、母乳で育った子の成長が遅いと考える必要はまったくありません。

頭脳すくすくチェックポイント

食事は脳がきちんと育つように栄養を供給するだけでなく、体を健康的に維持する方法を子どもに教える手段です。体に必要な栄養分を摂取できているのか、いい食事の習慣を育てているのか点検してみましょう。

1 3~5日、食事の時間とおやつの時間を記録して、規則的かどうか観察しましょう。時間の間隔と食べさせている量が適当かどうか考えましょう。

2 食事の時間に自分でごはんを食べていますか？

3

食事の時間にデジタルメディアを見ないで食事に集中していますか？

4

子どもが理解できるレベルで、栄養摂取や食事のマナーを教えていますか？

5

糖が多く含まれた飲料ではなく水を十分に飲んでいますか？

サイクル

3

運動

動く脳は賢く育つ

子どもは絶えず動きます。
子どもを「静かに」そして「じっと」座らせておこうとする現代の文化は、
むしろ脳の発達を阻害します。
活発に走り回って自然の中を探検することで、
子どもの脳は賢く育つということを忘れないようにしましょう。

どうしてうちの子はじっと座っていられないの？

食事の時間に歩き回ったり食堂で大声を出す、授業中に座っていられなくて体をくねくねさせながら集中しない。これは一部の子どもだけの話ではありません。多くの子どもが心理治療、言語治療、カウンセリングなどを利用しており、**年齢に比べてどんどん幼くなってきて**います。そして親は、少なくとも授業時間だけは座って勉強できないと、小学校では通用しないのではないかと考えます。

子どもはどうしてじっとしていられないのでしょうか？

子どもは動きながら学んでいるのです。じっと寝ているだけのように見える赤ちゃんも、足の指をぴくぴくさせ、蹴る仕草をし、手を伸ばして振り回し何かをつかもうとします。ハイハイを始めると親は忙しくなります。子どもが絶えず動くのは、**自分の足で立ち、手**

で何かをつかめる能力が、もっとたくさんのことができる段階にレベルアップしようとしているからなのです。ドレッサーの上のローションの蓋を開けて、手で鏡に塗りたくるには、椅子の上に上がる能力が必要です。ゲームでレベルアップするとさらに面白い世界が広がるみたいに、子どもの動きには学びがあります。

子どもが小さい頃は、子どもと向かい合って座り、いないいないばあを教えます。次第にあんよし始めると、両手をつかんで一歩ずつ歩く子どもを見ながら感嘆します。

ところが、子どもが座ったり歩いたりできるようになると、子どもの動きが違って見えてきます。本の読み聞かせをしようとしても、子どもは本棚から本を取り出すことだけ面白がります。外に出て木の葉を使って色を教えたいのに、1分もしないうちに木の葉をちぎって逃げてしまいます。そしてだんだん心配になります。「うちの子は気が散りやすいのではないか、静かにじっと座って勉強できないのではないか」と。

ここでは、じっと座って静かに集中してくれないとき、子どもの脳が本当に求めていることは何か、親が見逃していることは何なのかについて見ていきましょう。

体がどんどん弱くなる

私たちは動く必要がない世界で生きています。野山を駆け回って食べるものを探していた人々の大部分は、遊牧民的な生活様式を捨て、1カ所に留まって穀物や家畜を育て、食料にするようになりました。現代は外を駆け回って食べ物を探す代わりに、キーボードを叩いて生活しています。多くの人が長く座っているようになりました。子どもも室内で過ごす時間が一日の大部分を占め、机の前に座って何かをする時間がどんどん増えています。

2016年にWHOが146カ国を調査した報告書によると、11〜17歳の就学中の青少年の80パーセント以上が運動不足という結果でした。そして、動かない子どもの体は以前より丈夫ではなくなりました。イギリスのエセックス大学の研究によると、現代の子どもたちは1998年の子どもたちより体が弱くなっているそうです。[1] この研究では長期間蓄積された子どもの身体情報を比較分析しています。研究責任者のギャビン・サンダーコック博士はインタビューでこう話しています。「現代の10歳の子どもは6年前、16年前の子どもより背が高く、体重も増えています。だから健康だと考えました。でも、体は大きいのに、子どもたちは弱くなっていました」。子どもたちの体力や筋力は弱くなっているのです。昔より大きくなった体に比べて力がないといえるでしょう。

さらに憂慮すべきなのは、**弱くなるスピードが速まっている**ということです。イギリスの子どもの場合、鉄棒にぶら下がって耐える筋持久力が1998年から2008年までは毎年2・5パーセント減少していましたが、2008年以降は4パーセントずつ減少しています。韓国はどうでしょうか？　毎年学校で実施している学生健康体力評価で4、5級（＊訳注：下位レベル）の割合は2019年の12・2パーセントから2021年には17・7パーセントに上昇しました。運動する時間が減っていることに比例して韓国の子どもは弱くなっているのです。

最近の子どもはよくケガをします。ヨーロッパの資料を見ると、1998年に比べて2007年の児童、青少年の骨折は13パーセント増加したそうです。[2]いちばん多い骨折の部位は手首から肘までの前腕で、いちばん多い理由は転倒です。体に衝撃が加わったとき、骨を守れるくらい丈夫な筋肉がなければ、骨にひびが入ったり折れたりします。普段から活動が少ない子どもは敏捷性《びんしょうせい》や柔軟性が劣っていて、よく転ぶだけでなく転んだときの衝撃にも弱いのです。すぐにケガをする体は、ますます運動の機会が制限される悪循環を生みます。

運動と直接関連がある小児肥満も大きな問題になってきています。サイクル2の「食事」でお話ししたように、小児の肥満率がどんどん上昇しています。肥満が体の健康だけでなく脳の発達にも影響を及ぼすことはお話ししましたね？

これがどんどん動かなくなっている子どもたちの現実なのです。

跳ね回る子どもが賢いワケ

講義やライブ配信で運動や外遊びの重要性について話をすると、常について回る質問があります。

「でも、時間がありませんよね。毎日運動するなら、いつ勉強すればいいんでしょう？」

多くの親が、子どもにとって外で跳ね回ることは重要だとわかっています。何より子どもが喜ぶし、たくさん動けば体が丈夫になることを知っていますから。でも、運動や体を使った遊びよりも教育や勉強のほうが大事になってしまったのでしょう。小さい頃から習い事を始め、年齢が上がるほど学習に取られる時間が増えていった結果、韓国は青少年が世界でいちばん運動をしない国になってしまいました。

運動は脳の発達にも大きな影響を及ぼしています。それは見逃してはなりません。

アメリカのカール・コットマン教授は、認知症と脳の老化に関する研究の結果、老年期まで脳の健康を維持しながら暮らす人々には共通の特徴があることを発見しました。それは**運動をしている**ことでした。

以前は、運動は体の健康にだけ影響すると考えられていました。そこで、運動が脳の健康に与える影響を調べるべく、脳由来神経栄養因子（ＢＤＮＦ）に注目しました。ＢＤＮＦは、脳の成長を助けるタンパク質です。ニューロンが新たに育つのを助けたり、活動を活発にするお手伝いをしたり、ニューロン同士が連結し合うのを助けてくれたりします。言ってみれば、脳がうまく成長し、健康に維持されるために必要な存在なのです。

コットマン教授の研究チームは、複数のネズミに回し車を与え、回し車を回しているときの脳の活動を観察することで、運動がＢＤＮＦを高めることを明らかにしました。[3]

興味深いのは、ＢＤＮＦの増加の影響を受ける脳の領域です。コットマン教授は、運動や体の感覚に関連した領域で効果が見られると予測していましたが、[4]実際に運動による恩恵を受けたのは海馬、つまり**認知機能や記憶を司る部位**でした。

アイルランドのダブリン大学トリニティカレッジでは、普段運動をしない男子学生を対象に、数週間、有酸素運動プログラムに参加させました。一定期間プログラムに参加した学生は、参加しなかった学生に比べて血液サンプル中のBDNFが増加し、注意力や記憶力の試験で高い点数を取ったそうです。[5] 運動が海馬に及ぼすポジティブな効果は、実験の参加者が運動を始めて数日後に発見され、運動をやめても数週間持続したそうです。

アメリカのテキサス大学サウスウエスタンメディカルセンターの研究では、有酸素運動を1年間続けた高齢者のグループは海馬に送られる脳の血流が増え、記憶力検査の点数が上がりました。[6] 運動で心臓機能が向上し、血液によって酸素が円滑に供給され、脳機能が向上したのでしょう。**体を動かすことは、学習や記憶になくてはならないものなのです。**

酸素の供給に影響を及ぼすのは心臓だけではありません。ニューメキシコ・ハイランズ大学の研究によると、人が歩くときに**靴の裏が地面とぶつかって鳴る音が**体に圧力の波動を形成し、脳の血流を増加させるそうです。この音が重要で、面白いことに、走ったときには同じ変化が現れる一方で、**同じ有酸素運動である自転車では効果が現れません。**

走るときのように心拍数は上がらないのに、脳の血流を増加させ機能を向上させるウォーキングの力には驚かされます。なぜこのようなことが起きるのでしょうか？

学者たちはその理由を大昔の人たちに見出しました。農業を営み家畜を育てる以前、私たちの先祖は狩猟採集を中心として生きていました。この頃の暮らしは動くことが基本です。動物を捕まえたり、木に登って実を取ったりするだけでなく、食べ物を求めてより広い地域を行き来しないと生きていけなかったのです。どこに行けば食べるものが得られ、どこに行けば危険な動物がいるのか。地道に歩き回って地形の情報を把握し、その情報を記憶してみんなで効率的に共有しながら暮らしていかなければならなかったのです。

この「移動」の動きこそが生存能力であり、こうしたライフスタイルが私たちの脳に、体を動かすことは新しい環境を学ぶ過程なのだという教えを残したのです。

歩いて走って、脳に必要な酸素がきちんと供給されるように、よく動くほど脳が学習するために必要なタンパク質がきちんとつくられるように。私たちの脳は動きながら生き、動きながら学ぶようにできているのです。

うちの子に必要な運動は？

２０１０年、弁護士で、当時は現役の大統領夫人だったミシェル・オバマは「レッツ・ムーブ！」というキャンペーンを始めました。子どもたちが健康的な人生を送れるようにすることを目的とした子どもの肥満防止キャンペーンです。アメリカでも子どもたちの運動量や活動量は減り続け、学校ではもっと勉強させるために体育の授業や休み時間を減らしていたことが背景にありました。

キャンペーンの成功を決定づけたのは、ステージの上で大衆を前にしてお尻を横に振る「ママ・ダンス」[7]でした。学校を訪れて子どもたちと一緒に踊り、有名スポーツ選手と宣伝用の動画を撮影したファーストレディーの姿は、多くの人々の脳裏に焼き付きました。

ところで、彼女は、なぜ多くの社会的イシューの中から、子どもたちはもっと動くべきだというメッセージを選択したのでしょうか？

それは、**運動がいちばん簡単で、いちばん大きな効果を見せる未来への対策**だからです。子どもたちに根気強く運動習慣を身につけさせることはすぐに実践できる簡単な課題で、予算や複雑な政策はまったく必要ありませんが、これを放置すれば社会が引き受ける未来の負担は限りなく大きくなってしまうのです。子ども一人の人生でも、社会や国の立場でも同じことが言えます。

いったい一日にどれだけ動けば脳はもちろん、体や心が健康になるのでしょうか？　いくつかの国や団体の専門家が年齢別に必要な運動の基準を発表しています。専門家が提示している基準のほとんどは類似しています。ここではＷＨＯが発表している児童、青少年の身体活動に関する詳細なガイドラインを見ていくことにしましょう。24時間を基準にした子どもの年齢別身体活動の基準は１４２ページのとおりです。[8]

アメリカの保健福祉省は70ページにわたる身体活動ガイドラインを発表しています。[9]「いろいろな強度の多様な身体活動」が何を意味するのか、１４３ページの表を見てみましょう。何も努力をしていない状態を0、できる限りいちばん激しい強度を10とします。

このようなガイドラインは、それぞれの分野の専門家が数十年間の研究結果を集めてつくったものです。当たり前のようにも聞こえますが、だからこそ意味があると言えます。

この内容を我が家に当てはめてみましょう。まず5歳未満の子どもなら、一日中動いていることが基本だと覚えておけばいいでしょう。WHOのガイドラインで提示しているように、**未就学児童は一日にどれだけ運動したかではなく、どうすれば座っている時間を減らし、たくさん動けるかを考えるべき**なのです。基準に合わせるために毎日スポーツやバレエを習いに行く必要はありません。公園に行って運動する、というように、限定された場所や姿勢を子どもに強要しないようにすれば、自然に解消する問題です。

年齢別身体活動の基準

1歳未満	•一日に数回に分けて身体活動をします。特に床で他の人と関わり合いながら遊ぶ時間を持ちます。多ければ多いほどいいでしょう。 •1時間以上ハイチェアやベビーカーに固定するのは避けましょう。
1〜2歳	•一日に180分以上身体活動をします。 •適当な強度から激しい強度までの多様な身体活動をします。多ければ多いほどいいでしょう。 •1時間以上ハイチェアやベビーカーに固定したり、長く座らせるのは避けましょう。 •テレビを見たりビデオゲームをしたりなど、静的な活動は2歳以降、1時間未満にします。短ければ短いほどいいでしょう。
3〜4歳	•一日に180分以上、多様な身体活動をします。 •60分以上の適当な強度から激しい強度までの多様な身体活動をします。多ければ多いほどいいでしょう。 •1時間以上ハイチェアやベビーカーに固定したり、長く座らせるのは避けましょう。 •テレビを見たりビデオゲームをしたりなど、静的な活動は1時間未満にします。短ければ短いほどいいでしょう。
5〜17歳	•一日平均60分以上の適当な強度から激しい強度までの多様な身体活動をします。 •1週間続けて有酸素運動をします。 •激しい強度の有酸素運動と筋肉や骨を強化する運動を週3回以上します。 •静的な活動時間を制限し、特に余暇のデジタルメディア鑑賞時間を適切に制限します。

強度による身体活動の種類

適当な強度	5から6の強度に該当する活動です。子どもの場合、普段よりも心拍数が速まらない程度の活動だと考えて結構です。活動的な遊びの時間、たとえば、自転車やローラースケート、軽いハイキングやウォーキングが該当します。少し大きな子どもの場合には、キャッチボール程度の運動や掃き掃除のような家事活動が含まれます。
激しい強度	7から8の強度の活動です。普段と比べて心拍数が速まり息が弾むレベルです。たとえばかけっこや、鬼ごっこなど走ることが含まれた遊び、少し速く自転車をこぐ、縄跳び、サッカー、バスケット、水泳、スキーなど、心拍数が上がるスポーツ、武道やダンスなどが含まれます。
筋肉強化運動	特定の筋肉を使うことが求められる身体活動です。筋肉に「負荷」をかける運動だと思えば理解しやすいでしょう。腕立て伏せや上体起こしなどの無酸素運動や重いものを持つ活動、懸垂や木登り、ブランコなどの器具活動が含まれます。綱引きのような遊びも該当します。
骨の強化運動	骨に刺激を与え、成長や強化を促す活動です。骨に与える刺激は床を使うと考えればいいでしょう。かけっこ、縄跳び、バスケット、テニス、陣取りゲームなどの活動がいいですね。骨の強化運動は有酸素運動と無酸素運動があります。

じっとしていない時間が大事！

2022年に発表されたスウェーデンの研究によると、2〜6歳の子どもの身体活動は毎年11パーセント程度ずつ増加しており、身体能力も発達し続けているそうです。[10] 5〜6歳頃、子どもの移動性は最も高まり、その後だんだん減っていきます。つまり、この年頃の子どもは**走り回るのが当たり前で、じっと座っていられないのは問題ではなく自然な段階**だといえます。娘のユハは4歳の頃、ソファーに座って本を読んでいても、10分後にはコウモリみたいに逆さになって、頭を下にしたまま本に夢中になっていました。10分後にもう一度見ると、繭みたいに毛布にくるまって本を読んでいました。散漫に感じますが、実は専門家が推奨している「固定しない時間」を実践していたことになります。

座った姿勢を維持するのは、本来簡単なことではありません。赤ちゃんが一人で座るには数カ月が必要で、これは達成するべき主要な発達の指標です。寝た状態で手足を動かし、うつ伏せの姿勢で頭を上げて力をつけます。重い頭を引っ張る重力に対抗して体を上に押し上げる能力がなければできない姿勢です。この姿勢を長く維持するためには、もっとたくさんの努力が必要です。十分な力とバランス感覚がなければ、姿勢をコントロールできないのですから。

じっと座っていられないのは集中力だけの問題ではありません。子どもがじっとしていないと心配な親は、子どもに長時間座る訓練をさせようとします。「お尻の力をつける」と言いますが、実際は**長時間座っていると、むしろ体を支えるために重要な役割をする体幹が弱くなります。**体幹が弱い子は体重を支えきれず、テーブルに寄りかかったり、椅子にもたれて座ったりします。長時間こんな姿勢で座っていると、腰の筋肉が弱くなる悪循環に陥るでしょう。

子どもが座るのがつらそうなら、目をつぶって片足を持って立たせてみましょう。片足でぴょんぴょん跳ねたり、平均台から落ちないように歩かせてもいいです。**バランス感覚**

が不足する子どもは、体を支えることがつらいのです。

鉄棒にぶら下がって、膝をお腹のほうに引き寄せられますか？　ぶら下がった状態でブランコのように脚を前後に揺らすのは？　体幹がしっかりしていないと、子どもは体を同じ姿勢のまま支えることができません。子どもの座る姿勢がよくなければ、たくさん歩き、走ってバランス感覚を育て、懸垂やハシゴ遊び、ボール遊びなどで筋肉を発達させましょう。座って字を書くのは次の段階です。

時間をつくって運動をさせるなら、歩くことと走ることだけは省かないでください。直立歩行は人間の基本的な移動方法です。何かにつかまって立ち上がったら、一人で上手に歩き回るのが重要な宿題です。歩いたら次は走る、階段の上り下り、足をそろえてジャンプしたり片足で跳んだりなど、年齢相応の運動能力は子どもの成長を確認する指標になります。自由に走り回って遊ぶだけでも、これらの能力は育ちます。近い距離なら車に乗らずに歩いて移動する、少し長い距離でもベビーカーに乗らずに親と手をつないで歩くことが、いちばん簡単に提供できる運動の機会です。

ユハが学校に入学する前には、お兄ちゃんの下校時間に合わせて学校に迎えに行くのが午後の日課でした。10〜20分くらい余裕を持って家を出れば、道端に落ちた木の葉を拾い、お散歩中のお隣のワンちゃんと遊ぶこともできました。校門の前でバランスバイクに乗って行ったり来たりしながらお兄ちゃんを待ち、帰り道では縁石に沿ってバランスを取りながら歩きました。全部合わせると一日40分程度の運動時間になります。たくさん歩く機会をつくるだけでも、家族全員の健康や子どもの脳の発達にいい影響を及ぼします。

運動にはそれぞれ長所があります。有酸素運動の効果については相対的に多くの研究がなされていますが、それ以外の運動が脳に及ぼす影響についてはあまり知られていません。でも、多様な筋肉を複雑に使う運動には多くの利点が期待できます。たとえば、ネズミを使った実験で、回し車を回すだけのネズミと、平均台やハシゴ、動く物体などの複雑な通路を通る運動をしたネズミの脳を比較してみました。すると、複雑な運動をしたネズミの小脳で成長因子が増えているのがわかりました。回し車を回しただけのネズミは脳にこのような変化は見られませんでした。

小脳は体の感覚情報が入ってくる経路であり、大脳でつくられた運動指示情報の経路でもあります。この情報をまとめて筋肉に伝える過程で、小脳は体の動きをコントロールします。子どもはジョギングのような有酸素運動と、やヨガのように多様な筋肉をコントロールする運動を一緒にするのがいいと思います。それぞれが脳の発達に別々の影響を及ぼすからです。持続的に運動する習慣を身につけるためには、子どもが好きな運動をさせるのが重要です。音楽に合わせて踊るのもいいし、協調性を育てるチームスポーツもいいでしょう。家族みんなで週末に自転車に乗れば、運動と家族の結束の一石二鳥になりますね。

もう少し冒険心を発揮するなら、裸足で歩いてみるのはどうでしょう。直立歩行や安定して立つために、足の発達は重要な役割を果たします。足がきちんと育つためには、適切な環境や経験が必要になります。裸足の経験は足の物理的な成長に役立ちます。靴を履かない文化で成長した成人の足は幅が広く、足の形や指が美しいといいます。靴を履かないのが自然なことである南アフリカの子どもたちの足は、常に靴を履いているヨーロッパの子どもたちの足と比べて、土踏まずのアーチが高く、親指も真っすぐなのだそうです。[11] どちらも健康な足の特徴ですね。

裸足で歩くことは感覚や運動能力を育てます。裸足で歩くと靴を履いたときには感じない地面の湿気、温度、感触などがわかり、感覚経験の幅が広がります。普段よりも地面を注意深く観察することにもなりますね。地面の表面が変わったり、石に気をつけなければならないことを知ったりしますから。

大人は子どもが裸足で歩くと危険ではないかと心配しますが、研究によると、裸足で歩くほうがむしろケガのリスクが低くなるそうです。足が丈夫になって転ばなくなるし、地面を見ながら気をつけて歩くことを学ぶからです。

コラムニストで作家のリンダ・マクガークは、スウェーデンでは裸足で遊ぶ子どもは夏の象徴で、汚れた足は自由で幸せな幼年時代の象徴だと話しています。長い冬が終わり暖かい春が来ると、裸足で芝生を駆け回り、湿った地面を感じた子どもの頃の記憶が残っているそうです。スウェーデンの歌曲、「裸足の歌（Barfotavisan）」のように「靴も靴下も履かず裸足で」外に出て歩いてみましょう。

動くスペースと時間を奪わない

インスタグラムでカウンセリングを始めた頃、うちの子は6歳と4歳でした。ある日、ライブ配信をしていて「脳科学を専攻したママとして、子どもの脳に絶対必要なものは何だと思いますか？」という質問を受けました。

（この本全体がそれに対する答えですが）その日の私の答えは2つでした。1つはサイクル2「食事」で伝えた水を飲むこと、もう1つは外で運動する、つまり外遊びです。聞いている人たちががっかりするんじゃないかと、少しためらいながら話した記憶があります。「質問した親が私に期待しているのはこんなことではないんだろうなあ」と思ったのです。

でも、今も脳の発達のために重要なことは何かという質問には外遊びと答えます。体育の授業や一生趣味として楽しむスポーツも重要ですが、それと同じくらい外遊びは子どもの成長にとって重要なのです。外遊びというと、海や山、公園など、特別な場所に行かなければと考えがちですが、私が言う外遊びは、言葉どおり、外で運動することです。

みなさんは子どもの頃どんなふうに育ったでしょうか？　私は庭のある一軒家で生まれました。ひいおばあちゃんから生まれたばかりの私まで、4世代家族でした。幼稚園から小学校までは一軒家で暮らし、それ以降はマンションに住みました。だから子どもの頃は遊ぶ場所がたくさんあったのです。とても小さい頃にはおばあちゃんがつくっていたお庭の花壇と屋上の家庭菜園がありました。大きな木蓮の木の下で、ゴム製のたらいに水をため、一日中出たり入ったりしながら、夏の暑さをしのいでいました。小学生のときも同じでしたね。夏休みになると、家々の間の路にゴザを敷いて、さくらんぼを取ってきてままごとをした覚えがあります。これらは自然にしていたことです。両親が特に庭でままごとをするのが重要だと思ってやらせたわけではないのです。

ところが、最近の子どもたちは違います。子どもたちが外で遊ぶのは、以前のように自然なことではなくなったのです。

２０１６年の国立環境科学院の調査によると、**10歳未満の韓国の子どもの平均野外活動時間は34分に過ぎない**そうです。欧米の子どもたちと比較すると、著しく短いです。米国農務省山林局が実施した調査のデータをリンカーン・ラーソン教授とゲイリー・グリーン教授が再分析した論文によると、19歳未満のアメリカの子どもたちの大部分は、一日に平均2時間以上、野外活動をしているそうです。学校から帰って来た韓国の子どもたちの過ごし方は、室内遊び、ゲームやテレビの視聴がいちばん多くなっています。

２０２２年の秋、カウンセリングで約２６０名の親を対象に、外遊びの実態調査を行いました。毎日外で子どもと遊ぶと答えた親は10パーセントだけでした。いちばん多かったのは1週間に1、2回程度の36・3パーセントでした。平日の外遊びの時間は1時間未満が51・5パーセントで約半分を占めています。毎日外で思いっきり走り回っている子どもは「ほとんどいない」ということですね。私のカウンセリングプログラムを知っていて、インスタ配信で脳の発達や遊びの話に接している親でもこの結果なのです。どうして外で遊ぶことが難しくなってしまったのでしょう?

2017年に発表された外遊びに対する韓国の親の認識を調査した資料によると、親は外遊びの危険要因として車の通行と緊急事態への対応の不安を挙げました。つまり、子どもが安全に遊べる場所がないのです。庭のある家や路地裏が消えてしまったからでしょう。私のカウンセリングを受けている親は、子どもと外で楽しく遊べない理由として、親の時間不足と体力的な限界を挙げました。共働きの親が家に帰ってきた頃にはすでに夕方ですから、外に出られないことも多いでしょう。時間がないのは子どもも同じです。子どもが成長するほど親は焦って公園や自転車よりも塾やドリルを選んでしまいます。空間と時間を奪われた子どもは、いつも部屋の中にいるしかないのです。

子どもがじっと座っていられないのは、もしかしたら大人が子どもに、走り回っているべき時間に座っていることを要求しているからかもしれません。

ここからは、外で過ごす時間がどれだけ重要なのか話していこうと思います。子どもが外に出る時間をつくり、走り回る空間を見つけ、ぎこちない子どもの仕草を理解するために。そうやって心の中の優先順位を高めれば、外遊びがちょっとだけ戻ってきてくれるのじゃないか、そんなことを期待しながら。

幸せな子どもを育てる自然の魔法

多くの親が、外遊びは体を丈夫にするためにするものだと思っています。その通りです。ただ、運動が脳の発達のために重要な働きをするともお話ししましたね？　外遊びの利点は運動の利点と似た部分があります。むしろ室内よりも野外のほうが体の動きが大きくなるし、動き自体も多様になります。

子どもたちの発達で重要な部分を占めているのは感覚を処理する能力です。人はたくさんの感覚を持っています。感覚ごとに長所と短所があり、お互いに相互補完的な役割をしています。視覚情報は高い解像度が自慢ですが、範囲の限界があり（後ろは見えませんから）、暗闇の中では力を発揮できません。この限界は聴覚情報が補完してくれます。後ろで何かが落ちたら振り向くことができるし、夜中にブーンと蚊の音が聞こえたら、すぐに電気をつけて蚊を見つけることができますね。嗅覚情報はすぐに脳に伝わると話したことは覚えていますか？　煙は見えなくても焦げ臭ければすぐに安全を確認できます。

光が目に入ってくると視覚情報を処理するように、感覚情報を受け入れるのはある程度生まれつきの能力と言えます。特別な訓練をしなくても一定の時期になれば、子どもたちはママ、パパと目を合わせ、動く物体を追って視線を移動させます。でも、いくつかの感覚情報を統合しながら分析し、これをもとに適切に反応する能力はそうはいきません。

自然環境は感覚能力を発達させる最もいい環境だといえます。視覚、聴覚、嗅覚、味覚、触覚に豊富な刺激を与え、体の中の声を聴く感覚である前庭覚《ぜんていかく》[12]と固有受容覚《こゆうじゅようかく》[13]を感じる機会を提供してくれます。

2022年に中国で行った研究では、成人を対象に、子どもの頃自然に触れた経験が感覚の発達にどう影響を及ぼしたかを調べました。[14] 子どもの頃にどれくらい自然に親しんでいたかを調査し、敏感度、つまり、感覚的な違いをどれだけ区分できるかを評価したのです。子どもの頃あまり自然に親しまずに育った子どもは、大人になってから微妙な感覚の違いを認識できないことがわかりました。

リチャード・ループの『あなたの子どもには自然が足りない』という本には、自然体験不足障害という言葉が登場します。医学的診断名ではありませんが、著者は現代の子どもたちが経験する多様な問題の原因は、自然から遠ざかったことだと言っています。

以前と比べてほとんどの時間を室内で過ごす子どもたちは今「感覚的に縮小された世界」で生きています。いくら子どもが手で何かを触りながら遊べるようにしてあげても、せいぜいプラスティック、木、紙程度でしょう。リチャード・ループは感覚遮断の例示として、室内温度を人為的に調節するヒーターやエアコンを挙げています。夏と冬の過酷さから守ってはくれますが、同時に暑さや寒さを感じながら暮らすことがなくなりました。また、子どもたちが長時間使用するデジタルメディアは、視覚と聴覚に依存しすぎた情報だけを提供しています。

大人になると敏感ではなくなるのは、**子どもの頃、感覚を使用する機会がなかったせいで、感覚がきちんと発達しなかったから**なのです。問題は、子どもたちがなくしてしまったこの能力が、脳の発達には重要な要素であり、生きていくうえでも重要な能力だということです。

脳がうまく機能するということは、外部の環境をしっかり把握し、目標の達成に適合した行動をすることを意味します。この機能をうまく使うために、子どもは感覚で世の中を学ぶようになっています。感覚で環境を受け入れ、認知的、情緒的処理を行って最終的な行動を決めるのです。言語や数学的思考力もこれに含まれます。

外遊びで注意力が回復

注意欠如・多動症（ADHD）は、最近の親がいちばん心配する神経系の発達障害の1つでしょう。2021年の韓国の国民健康保険公団の統計によると、ADHDの診断を受けた人は2016年の4万9000人から2020年には7万9000人に大きく増加しました。このうち小児、青少年の患者の割合は80パーセントに至るので、親の心配も十分理解できます。イリノイ州立大学ではADD（ADHDから多動性が除外されるケース）の子どもを持つ親にアンケートを実施しました。[15]「どんな活動の後に子どものADDの症状が緩和しますか、またはひどくなりますか？」という質問をしてから、各活動を自然（釣りやサッカーなど、自然環境の中で行う活動）、非自然（ビデオゲームやテレビの視聴など、自然環境ではない場所で行う活動）に区分しました。その結果、ＡＤＤの症状が緩和したと答えた活動の85パーセントが自然活動でした。非自然活動の後に症状が悪化したと答えたケースは57パーセントでした。

もう少し具体的に調べるために、研究を始める前の1週間、子どもの症状がどれくらいひどくなったかと、どんな環境で遊んだかを聞いてみました。部屋の中で過ごした子どもは自然の中で過ごした子どもより注意力欠如がひどくなりました。公園よりもさらに「野生的」な環境で遊んだ子どもたちは、いちばん症状の緩和が見られました。研究に参加したあるパパは、息子にはＡＤＤの症状があるけれど、自分と一緒にゴルフの練習をするときや息子一人で釣りをするときには、数時間は集中できると話しました。その間は症状がほとんど現れず、リラックスしているそうです。このパパはこう言っています。

「研究結果を見た瞬間、殴られたような気分でした。私が見たのはこれだったんだ！」

なぜこんなことが起きるのでしょうか？　理由の１つは規則のない時間と制限のない空間の力だと思います。小児作業療法士のアンジェラ・ハンスコムは著書『Balanced and Barefoot（外遊びのすすめ）』で**規則や制限なく自由に遊ぶことが子どもをいい子にする**と言っています。ニュージーランドのある小学校では休み時間の決まりをなくしたところ、それまでの規則違反に該当する行動が少なくなり、教師たちの監視も必要なくなったそうです。校長先生は、子どもたちは自由に遊ぶことに夢中で、問題を起こす暇がないのだと言っています。子どもたちは退屈でつまらなく、積極的な動機がないときに壁に落書きをし、友だちをいじめ、学校の器物を破損するのだそうです。

私も子どもと一緒に自然の中に出かけるとリラックスできます。広い平原では子どもに走っちゃダメだと小言を言う必要もないし、「ママと手をつないで」とか「ここで待ってて」などと命令する必要がありません。果てのない砂浜では、子どもたちは砂の取り合いをして争うこともありません。時間内に達成するべき目標が設定されていなければ、木の枝を集めたり、昆虫の抜け殻を観察したりすることをじれったいと思うこともないでしょう。木の枝を振り回して魔法使いごっこをしている子どもに、危ないから木の枝を置きなさいと言う理由もないし、木の枝を集めているときに突然聞こえた鳥の声に向かって走り出しても、「落ち着きがない」と眉をひそめる理由もありません。自然の中では子どもに静かに、じっとして、言うとおりに、早くしなさいと要求する必要はないし、要求がないから、子どもたちは問題を起こすこともありません。

うちの子が4歳と2歳くらいだった頃、午後にテレビを見た後に、ソファーで激しく飛び跳ねたりケンカをしたりしていました。たぶん午後の疲労と映像から受ける刺激が子どもたちを興奮させたのでしょう。こういうときには、いくら静かにしなさい、飛び跳ねてはダメと指示してもムダなのです。いちばん効果的な方法は、しばらく外に出て歩くことでした。外に出るのがちょっと面倒でも、マンションの隣の公園に連れて行けば、子どもたちは興奮を解消できるくらい走り回れるし、それぞれが好きなことをしても広い公園でならぶつからずに済みます。そうやって遊んでから家に帰っておやつを食べると、子どもたちは落ち着いて本を読んだり、仲よくおもちゃで遊んだりするのでした。

子どもをじっと座らせておくのが難しいときは、外に出て、自然の中で思いっきり走り回らせましょう。間違いなく変化があるはずです。

自然の中で過ごし幸せな脳をつくる

ＯＥＣＤの生徒の学習到達度調査で、韓国の児童、生徒の読解、数学の能力は世界のトップレベルです。でも、ユニセフの子どもの幸福度ランキングでは最下位圏にいます。２０２１年にはＯＥＣＤ加盟22カ国の中で最下位でした。２０１３年のユニセフの資料によると、韓国の児童、青少年の勉強によるストレスは世界１位で、子どもたちの50・5パーセントが勉強にストレスを感じながら生きているそうです。子どもたちの声を聞くと、さらにつらくなります。幸福のための条件にお金、成績向上、資格などの「物質的価値」を選ぶ子がとても多いのです。

子どもたちがもっと心にゆとりをもって幸せになる方法はないのでしょうか？

脳の発達について語るとき、私たちは認知的な機能中心に考えがちです。文字を読んだり数学の問題を解いたりすることが脳の仕事であることは疑いようがありません。けれど、**体を動かすことや感覚を育てることも脳の重要な機能**です。感情や情緒も脳が担当する仕事です。不安や憂うつのような心の状態は脳の活動全般に影響を及ぼします。うつ症状で憂うつな気分や無気力と同じくらいよく見られるのが認知機能の低下です。記憶力や注意力が落ち、思考の処理速度が遅くなり、適切な意思決定や判断ができなくなります。

長期的にうつ症状が持続すると、大脳の構造自体が変化します。注意、記憶、感情調節、意思決定、計画と実行などに関する前頭葉の各領域は、他の領域と連結して信号をやり取りしながら機能を遂行しています。うつ症状はこの領域間の連結を弱化させるという研究報告が多数あります。

南カリフォルニア大学医学部のブラッドリー・ピーターソン教授の研究によると、うつ症状に家族歴があり罹患するリスクが高い人は、リスクが低い人に比べて大脳皮質が薄いといいます。[16] 大脳皮質の薄さの程度はうつ症状の程度と関連しています。子どもの脳が育つ時期にうつ症状が出ると、気分だけでなく睡眠、食欲、活動性などに影響を及ぼし、身体や脳の発達を阻害する要因にもなります。

子どもたちに自然の中で過ごす時間を取り戻してあげたいと思ういちばん大きな理由は、**子どもたちがさらに幸せになれる**からです。

カナダ精神保健協会（CMHA）はMood Routeというプログラムを行いました。人々が公園、温室、登山道などを訪れ、メンタルヘルスを増進するプログラムです。ある参加者はこう語っています。「さらに幸せで健康になった気がする。自然の中にいると抱えている問題を忘れるし、純粋になった気分だ」。

ミシガン大学の研究でも似たような結果が確認できます。週に3回以上自然の中で過ごす人は、唾液サンプルのストレス関連ホルモンであるコルチゾールの数値が少ないというのです。研究チームではメンタルヘルス業界が患者に対して薬以外にも、自然の中で過ごす時間を「処方」することを推奨しています。

自然からの贈り物を大切にする

私は子どもたちと森に行くのが大好きです。しかし、登山が子どもにとっていちばん好きな遊びかと聞かれたら、そうとは言えませんよね。子どもたちにアメリカのロッキングジャンプトランポリンパーク（サンディエゴにあるトランポリン施設）と近所の裏山のうちどちらかを選べと言ったら、当然ロッキングジャンプを選ぶでしょう。でも、山の入り口に立つと話が違ってきます。春には白い斑点模様が残っている小鹿や、野生の七面鳥の子に出会えます。秋にはどんぐりや松ぼっくりを拾って遊び、冬には小川に浮かんでいる木の葉の下にサンショウウオが隠れていないか確かめます。森でひとしきり遊んだら、木陰で腕枕をして横になります。ルイボスティーによく似た乾いた草のにおいがする風が吹きます。子どもたちは自由で幸せです。真っ黒になった爪と表情がそう言っています。その経験が積み重なって、子どもたちは森が大好きになるのです。

子どもの頃から自然に親しむことは、大人になってからの自然との関わり方にもつながります。山の近くに住んでいる我が家では、時々尻尾だけが残ったキタリスの痕跡に出会うことがあります。子どもたちはそれを不思議がらず、「ボブキャット[17]がごはん食べた！」と叫びます。山に行くときはできるだけナッツやリンゴなど、山に住む動物が「お腹を壊さない」おやつを用意します。私たちが食べていて落としてしまったら、動物が食べることになりますから。チョコレートが食べたい気持ちは、春に出会った小鹿のことを考えれば我慢できるのです。

アメリカのジョン・ミューアはナチュラリストで植物学者でもあります。アメリカ西部の自然環境が金鉱開発で破壊され始めると、ジョン・ミューアはシエラクラブをつくって環境保護の重要性を訴え、政府を説得してシェラネバダ地域を環境保全区域に指定させました。このうちの1つがユネスコ世界自然遺産であるヨセミテ国立公園です。我が家の大好きな旅先の1つで、巨大な山と澄んだ川が子どもたちにはまたとない遊び場になっています。

ジョン・ミューアがいなかったら、ヨセミテは今のように美しい姿で残っていなかったかもしれません。自然の多くが毎日少しずつ失われています。それは自然が子どもたちにくれる贈り物も失われているということです。

子どもには本や画面の中の自然ではなく、本物の生きている自然を見せてあげましょう。自然を深く理解して愛する子どもが、自然を保護する大人になるのです。

優しい脳科学相談室

Q

運動する時間がないのですが、どうしたらいいでしょう？

A

運動に対する考え方を変えましょう。どうしたら運動する時間をつくれるか考えてください。

「運動？　できればいいよね。でも塾に行くから時間がないよ」と思ったら、いつも運動する時間がないのは当然です。運動をするしないは、本当に自分は運動をするべきだと信じるところから始まります。子どもが週に2回数学教室に行くなら、2回は水泳教室に行き、金曜日には友だちと公園で楽しく遊び、週末には家族全員で公園に行って、ボールや自転車で遊ぶのが当然で、必要なことだと認識するところから始めましょう。

子どもに運動させるのも大事ですが、体を動かす暮らし方を教えるのも大事です。大人も同じです。朝の日課にヨガを加えるとか、ランチの後に15分間散歩してから午後の仕事に向かうとか。**重要なことをするためには時間をつくるしかありません。**初めは時間をつくることに慣れなくて、ムダだと感じるかもしれません。でも、運動することで体と心が健康になるのを感じたら、もう以前に戻ることはできなくなるでしょう。

Q **外に出るのを怖がるのですが、どうしたらいいでしょう？**

A **「怖かったら止まってもいい」と教えましょう。危険度は経験を積めばわかるようになります。**

子どもが危険な遊びをするので悩んでいる親もいれば、危険ではないのに怖がることに悩む親もいます。友だちは高い滑り台もスイスイ滑るのに、幼児用の滑り台も怖がって一人では滑ることができず、ある程度大きくなっても手をつないであげないとジャンプができない子もいます。先に述べたように、子どもたちはまだ危険を判断するだけの経験を積んでいません。滑り台や階段1段分をジャンプするレベルなら危険ではないということがわからないのです。「○○くらい大きいなら滑れるとパパは思うな。やってみるかい？」と誘う程度ならまったく害はありません。パパがジャンプしてみせることもできますね。

避けるべきなのは「いや。何にも怖くないぞ。大丈夫」と子どもの言葉を否定することです。なぜなら怖さは子どもが感じる感情だからです。

海辺の岩場にイソギンチャクを見に行ったことがあります。娘のユハの目には岩をバシャバシャ叩く波が危険に見えたのでしょう。「お兄ちゃん、行っちゃダメ！」と慌てて叫んだのです。お兄ちゃんは波どころか、水などまるでかからないところにいたのですが。「お兄ちゃんは今、安全なところにいて、安全だと思っているからそこまで行ったんだよ。でも、あなたが今危ないと思っているなら、それ以上前に行かなくてもいいの」と言うと、ユハはおとなしくなりました。もう叫んだりしないで、じっと後ろでお兄ちゃんとママを見ていたと思ったら、勇気を出して近づいてきて、イソギンチャクを見物したのです。

「怖かったら止まってもいい」と教えてあげましょう。子どもは自分の感情や判断を信頼できるようになります。心臓がバクバクして、緊張で体が固まって、ぞっとする感じはとても大事です。そこで立ち止まって状況を判断する能力が危険を避けるのに役立つのです。しばらく立ち止まって状況を見てから、危険ではないと判断してまた始めても遅くはありません。イソギンチャクは逃げませんよ。

頭脳すくすくチェックポイント

身体活動は体を健康にするだけでなく、脳にとっても重要です。子どもたちは体を動かし、感覚を使って世の中について学びます。勉強など他のことに時間を取られて、運動する時間が不足していないか点検し、年齢に合った適切な身体活動をしているか確認しましょう。また、十分に自然を探検する機会に恵まれているか考えてみましょう。

1 お子さんは室内外で十分な運動をしていますか？　3～5日、身体活動量を記録して平均を出してみましょう。その値を年齢別身体活動の基準に提示された推奨運動時間と比べます。もし、運動時間が足りなければ、どうすればいいか考えてみてください。

2 お子さんには多様な身体活動の機会がありますか？　主にしている運動の強度と種類を考えてみましょう。そして、適切な強度と激しい強度、筋肉強化運動と骨の強化運動をまんべんなくしているかチェックしてください。楽しんでできる身体活動やスポーツはありますか？

3 近い距離を歩く、自転車に乗る、階段の上り下り、ジョギングなど、子どもが日常で自然に運動できる機会を与えていますか？

4 年齢別身体活動の基準に提示された時間より長く座っていることを要求していませんか？

5 自然の中で遊ぶ機会がありますか？ 外で活動しやすい天気の日に外遊びの機会を与えていますか？

第 2 部

バランスのよい日課で潜在力を呼び覚まそう

脳の才能が花開く3つのサイクル

サイクル

4

遊び

自我の発見と
社会性の始まり

遊びは子どもの本能です。すべての子どもは遊ぶ能力を持っています。
遊びは1人で考える方法と他者に合わせる方法を教えてくれて、
子どもは好きな遊びを繰り返しながら成長していきます。
遊びがなければ健康とは言えません。
子どもの脳を育てる遊びの世界を経験しましょう。

平日の午後2時40分になると、子どもを迎えに学校に行きます。最初に娘のユハを教室に迎えに行くと、ユハは教室の前にある雲梯《うんてい》で遊んでいます。校門の前まで行くと、息子のソハも待っています。ママを待ちながら、友だちとキャッキャッとふざけているか、1人で木の枝で石を突いています。私を見つけると毎日こう言います。「ママ、今日友だちと遊んでいい？」。一日中、学校で友だちと遊んでも、まだ遊びたいのでしょう。友だちを家に招待することもあるし、家に帰る前にグラウンドで走り回ることもあります。

家に帰っても子どもたちは毎日大忙し。家を隈なく歩き回ってドラゴン探し、ブロック遊びと人形遊びをしていたかと思えば、急に腰を据えて友だちに贈るカードをつくり始めます。天気がよければ庭で縄跳び、ボール遊び、側転の練習もします。頭は汗まみれ、顔が真っ赤になるまで遊んで、1日が終わるとお腹で大きく息をしながら眠りにつきます。寝ているときも、何が楽しいのかニヤニヤ笑っていることもあります。そして、次の日の遊びが始まるのです。

遊びは脳を育てる

ここまで、睡眠、食事、運動で脳の発達の基礎づくりを行いました。ここからは、子どもの脳が世の中をしっかり学び、賢く育つ方法について話しましょう。

大人の目から見ると、子どもたちは何も知らないように見えますが、子どもの脳は思ったよりいろいろな準備をしています。脳は自分で環境を探索し、必要な情報を集めているのです。養育者の愛情が必要な年頃には、養育者と知らない人を区別し、感覚を育てる時期には、自分で起きて歩き回り、周囲を探索します。ママ、パパの言葉を聞いて単語を口にし始め、近所の子どもが遊ぶ様子を観察して真似します。まるで今、自分が何をするべきか知っているようですね。

子どもの脳が育つためにいちばん大事なのは、**子どもが子どもらしくいられる環境**です。子どもが世の中を探検する方法の中でいちばん身近なのが遊びです。遊びは子どもにとっていちばん重要な領域で、人間だけではなく多くの動物も同様です。

アンドリュー・イワニウク教授は同僚の脳科学者たちとの研究で、哺乳動物の脳の大きさと遊びについて調査しました。その結果、**脳の大きさが体に比べて相対的に大きい動物ほどたくさん遊んでいる**ことが明らかになりました。

面白ければ、それは「遊び」

ところで「**遊び**」とはいったい何でしょうか？　人間は最も多様な遊びを知っています。その遊びのすべてに名前を付けることはできないでしょう。どこからどこまでが遊びなのか、境界を決めることも難しいです。

感情神経科学分野のパイオニアと言われるヤーク・パンクセップ博士はこう言っています。「子どもたちは遊びとは何なのか本能的にわかっています。戸惑っているのは学者と親だけですよ」

そうです、遊びかどうかなんて、実はどうでもいいのです。大人の頭の中では、遊びといえばせいぜいかくれんぼや鬼ごっこ、ボードゲームのようなものが思い浮かぶだけですが、子どもにとっては何でも遊びになります。「さあ、これがボール遊びだよ。ボールを投げると面白いし、腕も丈夫になるよ。ソファーに這い上がる練習を一日に10分すると健康にいいよ」なんて説明、しませんよね。子どもたちはごはんを食べていると思ったらスプーンでお茶碗を叩き、いくらやめなさいと言って追いかけ回しても、隙を見てティッシュの箱からティッシュを全部引き出し、そしてキャッキャッと笑います。

楽しさをくれる身体活動はすべて遊びなのです。子ども自身が楽しいと思った活動はすべて遊び。遊びは面白いもので、子どもに笑いと喜びを与え、見守る親も幸せになります。でも、単純に面白いだけが遊びのすべてではありません。**遊びには使い道があります。**それも脳の成長過程にとてつもない影響を与える使い道が。脳と遊びの関係について、もう少し詳しく見ていきましょう。

遊びは脳を育てるだけではない

遊びが脳の発達に及ぼす影響を語るとき、必ずと言っていいほど登場する研究は、1960年代のカリフォルニア大学バークレー校でマリアン・ダイアモンド教授が行った研究です。他のネズミと離れて過ごしたネズミと、多様な遊び道具がある「豊かな環境」で他のネズミと一緒に過ごしたネズミを比較してみると、**遊び道具が豊富な環境で過ごしたネズミの脳は大きく、複雑な構造をしており、大脳皮質も厚かった**ことが分かりました。

大脳皮質は神経細胞が集まっており、情報の処理が実際に行われている場所です。つまり、このネズミはさらに賢くなっていたのです！

これは実験開始80日後の結果ですが、この後も2つの環境で長い間ネズミを育てると、さらなる発見がありました。十分な餌を与えていたにもかかわらず、**他の遊び相手になるネズミと遊び道具を断絶した環境で育ったネズミは、反対の環境で育ったネズミより短命だった**のです。遊べないネズミはなぜこんなことになったのでしょうか？　どうも、ここに、遊びが私たちにもたらす意味が隠れていそうです。

遊びを通して生きる術を学ぶ

テレビやSNSで、子ネコがお母さんネコの尻尾をつかもうとして走る、微笑ましい映像を見たことがあるでしょう。子ネコはお母さんネコの尻尾を前足でつかもうとしますが、お母さんネコは尻尾をあちこちに揺らして前足をかわし、子ネコと遊んであげます。

こうした遊びのパターンは、チーター、ライオンなど、他のネコ科の動物にも見られます。子ネコがお母さんネコの尻尾、兄弟ネコの背中をつかむ遊びは、お母さんネコが捕まえてきたネズミをつかんだり放したりして遊ぶ形に変わり、大人になったとき、自分で餌を捕まえるための練習になっています。

多くの動物でも同様に「遊び」が見られます。何かをつかみ、開き、噛んで、食べながら遊び、理由もなく走り、飛び降り、這い回ります。

そして、こうした遊びはその動物の特性を反映しています。捕食者を避けなければならない草食動物の子どもは主に走りながら遊び、捕食者側の動物の子どもはケンカや狩りのような形態で遊びます。進化生物学者や動物行動学者の見解にあるように、**遊びを通して、**

生存に必要な技術を習得しているのです。

人間も同じです。子どもの遊びで重要なのは**言葉**と**道具**です。「ブーンブーン」と車の音を真似しながら遊ぶこと、童謡を歌うこと、台所の戸棚を開けて鍋やしゃもじを取り出し叩いたりかき混ぜたり、おもちゃを組み立てながら遊んだりするのは、言語と手の使用が重要な人間の姿そのものです。優れた言語習得能力や細密な手の操作が可能な骨格や神経など、人間が持って生まれた特性、そして、周囲の人物との疎通や、家の中にある道具などの環境要素、これらの組み合わせで、子どもはだんだん人間に必要な能力を備えていくのです。

社会的な脳は遊びによってつくられる

「人間は社会的動物だ」という言葉があるように、人間は一人では生きていけません。アリやハチ、またはライオンやチンパンジーのように群れをつくって生きています。

加えて、人間は生存のために集まっているだけではなく、さらにいい人生を送るために政治的共同体を必要とします。人間は意見を出して調整し、共同の目標を達成するために協力します。時には全体のために自分の取り分を潔くあきらめることもあります。

人間が社会的存在として役割を果たすためには、社会的な脳が必要です。そして、社会的な脳は遊びによってつくられます。遊びでは他者の存在に合わせることが重要ですから。

ごはんを食べるよりも、一緒に遊びたい!

ところで、一緒に遊ぶというのは、どのくらい大切なことなのでしょうか?

エモリー大学のウィリアム・メイソン教授の研究に、チンパンジーに2つのレバーを見せて行う実験があります。1つを押すと、リンゴやブドウなどチンパンジーが好きな餌が出てきて、もう1つを押すと、実験者が一緒に遊んでくれます。このレバーの違いを十分に教えてから、お腹が空いているとき、どちらのレバーを押すのか観察しました。

その結果はというと、驚いたことにチンパンジーは、与えられた時間の40パーセントを実験者と遊ぶことに費やしました。お腹が空いていないときは、その差はもっと大きくなり、70パーセントの時間を遊ぶことに使ったのです! 実験に参加したチンパンジーの中には、お腹が空いているかどうかは関係なく、遊びを選択した個体がいました。[1]

チンパンジーだけではありません。他の実験では、子どものネズミを一定期間友だちのネズミと隔離し、その後友だちに会わせると、それまでの埋め合わせをするように、普段よりもたくさん遊ぶ行動が見られました。チンパンジーの実験のように、1つは迷路の先に餌を置き、もう1つは一緒に遊ぶネズミを置きました。しばらく他のネズミと一緒に遊べなかった実験用のネズミは、餌より友だちを選択したそうです。お腹が空いている状態でもです。

これらの研究から分かるのは、**社会的交流は動物の子どもにとって楽しみで、交流できる相手の存在は食べ物よりも高い価値を持っている**ということです。食べ物は生存のためになくてはならない条件なのに、遊び相手を選択するとは本当に驚きですね！ もしかしたら友だちは食べ物と同じくらい生存に重要なのかもしれません。ダイアモンド教授の実験で、分離されたネズミが長生きできなかったのも理解できます。

他の子と一緒に遊ぶ時間を持とう

遊びの形態のうち、他の相手と遊ぶことを**ソーシャルプレイ**と言います。遊びの中でも洗練されたもので、すべての動物がするわけではないし、人間でも相手に合わせて遊べるようになるには数年間の学習が必要です。

子どもの頃、他の友だちと十分一緒に遊ぶ機会を持って育ち、脳が感情反応や認知的処理をうまくこなせば、友だちに合わせて遊ぶことができる大人になります。しかし、脳の機能が十分でないと、ソーシャルプレイの時間が短くなってしまうようです。

動物を使った脳の損傷（薬物を使ったり、実際に脳を切除したりして、脳の機能を損傷させ、影響を調べる）による研究結果を見ると、感情の発生や感情信号の処理に重要な役割を果たす辺縁系の側坐核《そくざかく》（ＮＡｃｃ）領域[2]が損傷すると、動物は遊べなくなるか、遊びの時間が短くなること、[3]また、認知的な側面に関連する前頭葉や側頭葉《そくとうよう》皮質《ひしつ》が損傷すると、他の相手と遊ぶとき、適切な反応ができなくなることが分かっています。[4]

研究ごとに結果は違いますが、脳を損傷すると該当年齢に合う反応や面白さを満たす複雑な反応ができなくなるのです。そのため、相手は脳の損傷を持った動物と遊びたがらなくなります。遊び始めてもすぐにやめて、他の相手を見つけてしまいます。その結果、脳が損傷した動物はソーシャルプレイの時間が短くなるのです。

人の場合はどうでしょうか？　人を閉じ込めて遊べなくする実験はできませんが、社会的交流が足りなくて感じる「寂しさ」の研究はあります。**寂しさと社会的断絶は、前頭前《ぜんとうぜん》皮質《ひしつ》、島皮質《とうひしつ》、海馬、扁桃体、腹側線条体《ふくそくせんじょうたい》や側坐核、後部《こうぶ》上側頭溝《じょうそくとうこう》とその隣接領域など、脳の領域に変化をもたらします。**[5] これは、動物実験でソーシャルプレイの核になるといわれる脳の領域と類似しています。加えて、視覚情報処理システムや注意システムなど、広い領域間の意思疎通にも影響を及ぼします。

遊びは「社会を理解する場」

1人で遊ぶときより誰かと一緒に遊ぶときのほうが、我慢することが多くなります。公園に行って、先にブランコに乗っている子がいたら順番を待たなければなりません。こおり鬼で鬼になることもあるし、ボードゲームで負けて悔しくても、友だちの前で涙を見せたくなくて平気なフリをするかもしれません。ゲーム中に反則する友だちに腹が立っても、その友だちを押したり殴ったりしてはダメですよね。

ここで必要な能力が**自己制御**です。自己制御とは、**自分への認識や評価、状況に合わせた判断、必要に応じた衝動の抑制などにより適切な行動を取る**ことをいいます。自己制御を育てるために遊びほど適したものはありません。

友だちと遊ぶことは、**してもいい行動としてはいけない行動を学ぶ最もいい機会**です。

親が追いかけながら「待ちなさい」「殴っちゃダメ」と叫ぶより強力な力を持っています。

衝動や感情に任せて、順番を無視してブランコを横取りし、腹が立ったらゲーム盤を引っくり返すこともあるでしょう。でも、ずっとそうすることはできません。1、2回ならケンカしても仲直りできるかもしれませんが、大きくなれば年齢に合う行動が期待されるようになるし、適切な行動を取らないと、楽しい遊びに交ぜてもらえなくなりますから。

ケンカごっこが、本当のケンカを避ける方法を教えてくれる

子ども同士で遊んでいれば、行動が過激になることもあります。手をつないでいて強く引っ張って転ぶこともあるし、転んだまま転がってレスリングになることもあります。

ケンカごっこや戦争ごっこが好きな子もいます。敵と味方に分かれてボールをぶつけ合う、木の枝を剣に見立てて戦う、おもちゃの矢や銃を撃つなどの遊びもあります。

このような遊びを**運動遊び**といいます。

現在、運動遊びの機会は徐々に減ってきています。家庭も学校も、子どもにおとなしく

静かに遊ぶことを求め、剣遊びや銃遊びを禁止する学校が多いからです。

おもちゃの武器に対する考えは価値観の違いですが、運動遊びは少し違う観点から見る必要があります。**運動遊びは脳にポジティブな影響を与える**からです。

前述した「友だちのいないネズミ」の話に戻ります。子どものネズミが一緒に育てば、追いかけっこもすれば取っ組み合いもします。しかし、他のネズミと遊べずに育ったネズミは、この過程が経験できないので、他のネズミと疎通する方法も学べません。結果、他のネズミと対峙したとき、過度な攻撃性を見せることがあります。

攻撃はいい選択ではない場合もあります。争えば自分も被害を受けることがあるのですから。本当に必要なケースを除けば、争わないほうが得なのです。運動遊びは、このことを教えてくれます。**ケンカごっこが本当のケンカを避ける方法を教えてくれる**わけです。

パパとの運動遊びのすすめ

統計的には、パパの育児はママより運動遊びが多く含まれます。パパが子どもと遊ぶと、子どもを投げ飛ばしたり、くすぐったり、ゲームでは本気で勝ちにいって子どもを泣かせたりもしますが、この過程が子どもの体と脳の発達に役立っていることが分かっています。

2020年にケンブリッジ大学とレゴが共同で行った研究では、40年の間に発表された78本の論文を分析し、0〜3歳の子どもの発達に「パパとの遊び」が及ぼす影響を調べました。[6] その結果、**パパとの遊びは身体活動が多く、運動遊びをよくするので、子どもは感情調節と自己抑制能力が育ち、友だちとの付き合い方も学べる**ようです。

運動遊びは楽しくて面白いのですが、行き過ぎると過熱する心配があります。最後には泣いて終わり、ということもあるでしょう。でも、この過程の繰り返しで、子どもは自分の体と心の限界を知り、**友だちとケンカしない程度に遊ぶ能力の基礎をつくります。**

取っ組み合いをしても、パパは友だちではなく保護者なので、子どもの行動が過熱したら止めることができます。ケガをしたら手当もできるし、泣いたら慰めることもできます。

さらに、激しく遊ぶことが子どもの興奮や感情を吐き出させる窓口になるからでしょう、パパと遊ぶ時間が多い子どもは、**多動や癇癪のような行動が少ない**そうです。

というわけで、パパとの運動遊び、大変おすすめです！

役割遊びで心を読む能力をつける

子どもが友だちと仲よくなって遊び始める年齢は、重要な社会的能力が発達する時期と同じタイミングです。社会的能力とは、前述した衝動や感情を調節する自己制御もそうですし、他にも**心の理論**があります。

心の理論とは、**他人が自分と違う信念、態度、解釈、経験を持っていることを知り、他人の行動がその人独自の心の中でつくられていることを理解する能力**です。他人の心に対する共感と理解の基本になります。

自分と他人の心が違うことを認識しているか

心の理論を研究する代表的な方法に、**誤信念課題**と呼ばれる実験法があります。自分の心と他人の心が違うということを認識しているかを調べる方法です。この実験では、子どもにサリーとアンという2つの人形を紹介して人形劇を見せ、その後に質問をします。

人形劇では、最初、サリーだけが部屋にいます。やがてサリーは、玉を籠に入れて部屋を出ていきます。その後、アンが部屋に入り、籠から玉を取り出して箱に入れます。しばらくして、もう一度サリーが入ってきたところで、さて質問です。サリーは、玉を探すためにどこを見るでしょうか？

この問題の答えを当てるためには、サリーが知っていることと自分が知っていることが違うと理解し、サリーが考えている「玉は籠の中にあるはずだ」という考えを基準に行動を予測するという、とても複雑なことを行う必要があります。

心の違いを理解している子は、サリーが籠の中を見ると答えますが、まだ能力が発達していない子は箱と答えます。

他の視点を持てるようになるのは2歳頃から

子どもは生後1〜2年までは「観点」を理解することができません。自分がしたい遊びと友だちがしたい遊びが違うことが分かりません。お腹いっぱいになったら、お腹が空いて泣いていた1時間前のことは忘れてしまいます。他の視点と比較して考えることが難しいのです。

やがて2歳頃からは簡単なごっこ遊びが始まります。この頃にはママのスマホを持ち歩き、電話に出る真似をします。さらに3〜4歳になると、認知と言語の発達がスピードアップし、人と一緒に遊ぶ楽しみが大きくなります。ママのスマホに耳を当てて歩いていた遊びは「もしもし！　火事です。早く来てください！」と叫ぶ役割遊びに発展します。子どもは自分がどんな役割なのか、相手がどんな役割なのかを、現実と区分して理解しなければならず、この過程が心の理論の発達につながります。

遊び相手との交流が脳への刺激になる

脳の発達には刺激が必要だとよく言われますが、**他の人の存在はそれ自体が重要な刺激**になります。1、2歳の子どもは各々が自分の世界で遊んでいるようには見えますが、お互いの存在を感じながら自分の遊びを楽しんでいます。公園でも一人でブランコに乗っているように見えますが、実は大きな滑り台で遊んでいる近所のお兄ちゃんのことをよく見ているのです。そして次の日公園に行くと、勇気を出してお兄ちゃんみたいに滑り台で遊びはじめます。

遊び相手との交流はさらに豊かな刺激になります。公園で会った友だちと自然に一緒に遊び、こおり鬼をすることもあるでしょう。幼稚園で大親友ができるかもしれません。友だちのおもちゃを返そうとしないのでママが背中に冷や汗をかくこともあるし、友だちとケンカすることもあるでしょう。でも、だんだんと仲よく遊ぶ方法を覚えます。

たぶん大人になるまで、この成長は止まらないでしょう。遊びは友だちとの付き合い方、先生との交流の仕方、会社の同僚との働き方に発展していきます。子どもに友だちと遊ぶ機会をあげましょう。**ソーシャルプレイの発達は人間としての発達です。**

同じ遊びばかり繰り返してもいいの？

15カ月頃の娘はブロック遊びが大好きでした。初めての誕生日にもらった、子どもの手には余るくらいの大きくて柔らかいブロックがお気に入りです。

最初のうち、ソハはブロックをつかんで口に入れていました。ブロックを投げたり、箱に入れては出したりしていました。やがて、ママがブロックを何個か組み立てると、すぐにつかんで外すことができるようになりました。そして15カ月を過ぎたある日、ついに自分でブロックを組み立てるようになりました！　あの日の興奮は忘れられません。

感心して思わず拍手をしましたが、そのときは知りませんでした。ブロック遊びを、毎日数百回も繰り返すことになるとは……。

ソハはそのときから一日も休まずブロックを組み立て、私も常に参加しなければなりませんでした。ブロックをはめては外すのがどれだけ面白いのか、顔を赤くしながら「ママ！ブヨック！　して！　いっちょに！　して！」と叫ぶのです。隣で私も休まず組み立てているのに、一緒にしてと催促されて、とめどなくブロックを組み立てたあの日々。

ソハはその後、7年間休まずブロックで遊びました。そして8歳になった今も、一番欲しいプレゼントを聞くと、レゴブロックのセットと答えます。

いったい何が、子どもを休まずブロックに没頭させるのでしょうか？

好きになった飲み物を、なぜ毎回買ってしまうのか？

ある行動を取るようにする力を「**動機**」と呼びます。行動を開始させたり、維持したり、やめさせたりします。

先ほどの私の娘の例なら、「ブロック遊びがしたい」というのは子どもの動機です。この動機は、子どもにブロックの入った箱を持ってきて引っくり返させ、1つずつ組み立てさせます。その後、子どもが30分ほどブロック遊びに没頭しているなら、動機が行動を維持させているのです。やがて十分に遊んでブロック遊びが面白くなくなったら、子どもは自然に他のことに関心を移します。ブロック遊びがしたい動機は小さくなって、新しい面白さを探す動機ができたのです。

動機はときに妨害されることもあります。ブロック遊びは面白いけれど、お腹が空いていると何だかイライラします。うまく組み立てられなくて腹が立ち、駄々をこねれば遊びは続けられません。

これらの一連の行動はすべて、脳の神経細胞が信号をやり取りすることで起きています。ある行動をさせて、求めるものを得るようにさせる動機は、神経伝達物質であるドーパミンの担当分野です。ドーパミンは、何かの役に立ってご褒美をもらうと分泌される「ご褒美ホルモン」です。

ご褒美は快の感情とつながっています。脳にはドーパミンの信号を受けとる「報酬系」という場所があり、その中の側坐核が**ドーパミンの信号を受けると、信号が快感や楽しさ**

という感情に変わり、ずっと続けたいという動機として作用します。おいしい飲料を飲んだ時、もう一口、あと一口となるのは、これが理由です。

報酬系には、側坐核だけでなく、感情的な記憶を形成して学習する海馬、認知的機能にとって重要な前頭前野も含まれます。

そのため、何か快感を得た場合、海馬はこの記憶を保存します。先ほどの飲料の例では、飲料の味だけでなく、飲料のパッケージ、飲料を飲んだ場所や一緒に飲んだ友だちもいい記憶として残ります。数日後に道を歩いていて、それを買ったコンビニの前を通り過ぎると、おいしかった飲料を思い出します。

前頭前野は持っているお金、塾に行くまでの残り時間、どれくらい喉が渇いているかなどの情報をもとに、この飲料を飲むかどうかを判断します。

側坐核はおいしかった飲料を飲むときにも活性化しますが、飲料を飲むことを期待するときにも活性化します。まだ飲んでいないのに飲料を手にした瞬間、気分がよくなります。一口飲んだらやはりおいしいのです。これで脳はこの飲料を「私が好きなもの」として記憶します。

こうして、これからいつもこの飲料を飲むことになります。

このように、**自分にいい結果をもたらす行動は繰り返される**のです。

脳は遊びながら成長する

ブロック遊びにハマったソハの話に戻ります。

ソハが初めてブロックを組み立てたとき、脳ではどんなことが起きていたのでしょう？

きっと、それまでうまくできなかったことに成功した喜びでドーパミンが分泌されたはずです。ドーパミンが分泌されるためのご褒美は、食べ物や水のような生存に必要なものだけではありません。お金のように後天的に価値を学習したものの場合もありますし、他の人から認められる、社会的に成功することなどもご褒美になります。楽しさ、幸せ、満足などの感情自体がご褒美になることもあります。

ドーパミンの分泌は、子どもがもう一度同じ行動を取るようにさせます。

ソハは、組み立て、また組み立て、今日も明日も組み立てます。

そうして毎日組み立てたらどうなるでしょう？　だんだん上手になります。2つしか組み立てられなかったのが、4つになり、10個になって、ブロックのタワーはどんどん高くなります。子どもの成長を見守る人たちの喜びもこれに加わりますね。上手にできたと拍手するママ、一緒にタワーをつくるパパ、その写真が送られてきたおばあちゃん、おじいちゃんまで！

ソハは肩をそびやかして、またブロック遊びに夢中です。積み上げるだけだったブロック遊びは車や家をつくる遊びに発展し、3歳からは説明書を見ながら模型の組み立てを始めました。何年かそうしているうちに、今ではママより上手になりました。

＊　＊　＊

ゲティスバーグ大学のステファン・シヴィ教授は、「**脳は遊ぶほど動機化される**」と言っています。子どもたちが持っている「遊びたい」という動機は、言われなくても世の中を探検し、遊びながら世の中を学び、遊びながら成長させています。面白くて楽しいことを繰り返すのは、脳が持つカッコいい能力です！

子どもがあんよを覚えた頃を思い出してください。ある日突然立ち上がって歩き始めたわけではありませんよね？　テーブルにつかまって立ち上がり、カニのように横歩きしながら何とか手を放します。一歩ずつ歩いてはすぐに転ぶのを何度も繰り返して。それでも子どもは一歩ずつ歩いて喜びます。

もしドーパミンの力がなかったら、子どもは繰り返す失敗に挫折して、歩くことをあきらめるかもしれません。一歩歩いたときの喜びと興奮が、子どもをもう一歩に導くのです。向かい側で両手を広げて待っているママの笑顔と、もう一度起き上がってよろよろ歩いたときに抱きしめてくれる家族の愛情が、成功の喜びを大きくします。

子どもは学び方を知っていて、親は教え方を知っています。すべて遊びを通して覚えるのです。

子どもが同じ遊びを繰り返すことを心配する親はたくさんいるでしょう。多様な遊びをしないと脳の発達によくないのではないかと不安な気持ちになることもあります。

でも、心配しないでください。**子どもが同じ遊びを繰り返す理由は、その中に新しい喜びを感じ続けているから**なのです。

もし気が休まらないのなら、子どもの遊びを詳しく観察してみましょう。大人の目には同じように見える遊びも、実は少しずつ変化しています。毎日している消防車遊びも、ストーリーが少しずつ違って、事故現場も多様になるはずです。いつもつくっている自動車のブロックにも新しい機能が追加され、ままごとのメニューにはゆうべ食べたおかずが追加されます。繰り返しの中に少しずつ新しいものが加わって、遊び自体が発展し、子どもは飽きずにずっと楽しさを感じるのです。


この過程がなければ、子どもはどんな遊びもうまくなりません。同じ遊びを繰り返すのは心配することではないのです。子どもがブロックの達人になる基盤になるでしょう。

子どもが十分に遊びを繰り返し、これ以上学ぶことがないと感じて、大きな喜びを他のところに発見したら、子どもは自然に他の遊びに移っていきます。子どもが遊ぶ姿をじっと見守りましょう。

遊びの4つの心得

遊びが脳の発達に重要で、遊びを通して学ぶことは分かったと思います。
では、いったいどんな遊びをすればいいのでしょうか？

世間には情報があふれています。脳の発達にいいという算数の教材もあるし、小学校に行く前に必ず読んでおくべきだという本もたくさんあります。ブロック遊びをしないと空間知覚能力は発達しないし、手遅れになる前に音楽も始めなければならないといいます。

遊びの難しいところは、睡眠や運動と違い、「推奨事項」を具体的に挙げにくいことです。一日に30分ずつ3回遊ぶべきだ、何歳前には何のおもちゃがあれば脳が発達する、などと言い切ることが、むしろ遊びの可能性を制限してしまうからです。

だから、どんな遊びをするかよりも、**遊びの本質を見失わない**ことが重要なのです。遊びを制限する前に、まず親が押さえるべき遊びの心得を整理してみようと思います。

《親が押さえるべき遊びの4つの心得》

1. 遊びの時間は奪わない
2. 自分で決めて行動させてあげる
3. おもちゃでは学べないことがある
4. ストレスに耐える力を育てる

1 遊びの時間は奪わない

近頃の子どもは本当に忙しいですよね。小さな頃から保育園や幼稚園に通う子も多いし、午後にはピアノ教室や水泳教室に行くなど、大人より忙しいスケジュールをこなしている子がたくさんいます。子どもの脳の発達のために親がするべきことは、遊ぶ機会を保障することです。遊びが子どもにとって重要だということは、多くの人が知っています。遊びを強調する本やドキュメンタリーもたくさんありますね。でも、不思議なことに遊ぶ時間を目標にする、計画的に遊ぶ時間をつくる親はいません。

親の目標は字を覚えて全集を読むといった学習に関連したことが大部分で、計画表には授業や教材の活用が盛り込まれています。遊びの重要性を強調すると、こういったものが遊びの仮面を被っていることに気がつきます。週に2回、ひらがなの教材を解くことを「ひらがな遊び」と言います。日本語だけでは十分ではないので、算数遊び、科学遊び、英語遊びなどが子どもの時間を占めています。

ママ、パパと楽しく計算や文字を覚えれば当然いいでしょう。その時間が悪いという意味ではありません。うちの子も計算や本を読むことは親と一緒に楽しんで覚えました。ただ、**勉強のための遊びだけでは、子どもたちに必要な遊びの時間は満たされません。**遊びのポイントは**無目的性**です。つまり、遊びは特別な利得や目的のためではなく、遊びを通して得られる楽しさや喜びを追求するための行動だということです。ひらがな表を問題集に貼るのは、そういう意味で本当の遊びとは言えません。「ひらがなの勉強」という明確な目的を持って子どもに与えられた活動だからです。

子どもは遊びながら世の中を学ぶ力を持って生まれますが、時間が経つほどうまく遊ぶ子とそうでない子がでてきます。誰もが上手に遊べるわけではありません。言語能力が花開くためには適切な言語の刺激が必要であるように、**遊ぶ機会が十分に与えられたとき、その能力が発揮できるのです。**子どもに教育的なことばかりさせようとすると、本当の遊びを体験するのは難しいでしょう。どれだけたくさん遊ぶべきかと聞かれたら、「できるだけたくさん！」と私は答えます。

遊びのために子どもに必要なのはおもちゃやキッズカフェではなく、機会です。空いている時間がなければ、次の段階には進めないのです。放課後のスケジュールを夜まで埋めないでください。代わりに友だちに会う日、公園に行く日、自転車で近所を一周する日、家でごろごろする日をつくりましょう。週末には家族全員で公園に出かけ、子どもが普段会えない友だちや親せきに会う時間をもっとつくりましょう。

うまく遊べる子になるためには、まずこの能力を育てる機会が必要です。そして、上手な遊び方を思いつくまで考える時間が必要なのです。同じ遊びを何度も繰り返してだんだん上手になります。昨日途中でやめた遊びの続きを今日するためには、十分な時間が必要ですね。親がそれを知ること、そして、遊ぶ時間を非生産的でもったいないと思わずに、すべての子どもにたっぷり遊べる時間が保証されることを願っています。

2 自分で決めて行動させてあげる

遊ぶ時間ができたら、何をして遊ぶかが次の問題です。遊びとは何かについて、学者たちが論じていますが、重要なこととして常に挙げられるのは、**遊びの自発性と自己主導性**です。遊びで最も重要な面白さと結び付けてみると、自分が面白いと思う行動を選択するのがいい遊びということになります。

私は何よりも子ども自身が遊びを選択することが重要だと思っています。そのためには絶対に必要な能力があります。**子どもが求めていることが何かを子ども自身が知る**こと、そして、**今自分が活用できるツールが何かを知る**ことです。前者は子どもが内面の情報を理解する能力で、後者は周囲の環境の情報を把握する能力です。

上手に遊べる人は自分をよく知っています。週末の午後、空き時間ができたら何をしたいですか？　家でリラックスしながら映画を1本見て、友だちに会って積もる話もできますね。習いたかった工芸の教室に行き、スポーツもできます。**自分で選択する行動が自分自身を理解することにつながるのです。**

大人は子どもに「したいことをしなさい」「幸せになりなさい」と簡単に言いますが、実際に自分が望むことは何かを知るのは難しいことです。これは遊びながら育てる能力なのです。子どもは遊びを選択し続けるべきです。自分が絵を描くのが好きなのか、外で飛び回るのが好きなのか、自分自身で感じるのです。好きなことと同じくらい嫌いなことを発見するのも重要で、自分が好きな遊びを一緒にする友だちを見つけるのも重要です。

3 おもちゃでは学べないことがある

大人はよい遊びの環境を与えたい気持ちから、おもちゃを買ってあげることがよくあります。実際、どんなおもちゃが脳の発達にいいのか、脳の発達のためにつくられた教材が本当に効果的か、よく質問されます。私はこう答えています。

「子どもが今面白いと思っているおもちゃがいいおもちゃです」

おもちゃや遊び道具ももちろん遊びの重要な要素です。子どもの気持ちを表現できるいい材料となります。でも、遊びの環境はもっと大きなものです。

子どもは、昨日まで面白かったおもちゃの自動車が突然色あせて見え、それが病院の待合室で順番を待っているときだったりすると退屈で体がムズムズします。ここがいちばん重要な瞬間です。しばらく見守っていると、子どもはお菓子の箱で駐車場をつくってまた遊び始めます。ママのバッグをひっかき回して出てきたレシートの裏にいたずら書きすることもあります。

子どもは、**自分の環境を見て、遊び道具を見つけて遊びをつくっている**のです。だから、特定のおもちゃが脳の発達に最高だという予測は危険なのです。

高いおもちゃのセットを買ってあげたのに、そのおもちゃが入っていた箱で遊ぶケースもよくあります。遊びを面白くするのはおもちゃではなく、遊ぶ子ども自身なのです。

息子のソハが1歳の誕生日にもらった大きなおもちゃのトラックは、3年後に娘のユハのお人形のベビーカーになって、たくさんのお人形を乗せてあげたし、クリスマスのたびにサンタさんのそりに変身してプレゼントを配りました。おもちゃのトラックが脳の発達にいいのかはわかりません。ただ、子どもがおもちゃの新しい用途を発見するたびに、脳がすくすく育っているのは間違いないと思います。

子どもは退屈しても平気です。子どもが退屈するのを恐れて、親が代わりに何とかしてあげなくてもいいのです。華やかなおもちゃがなかった時代には、丸い石を選んでお手玉をし、家の中にある紐であや取りを考え出したご先祖様のように、指さえあれば遊べる子どもの能力を信じましょう。そして、子どもがどんな方向に伸びていくのか見守りながら驚けばいいのです。退屈という問題を解決する能力を育て、その能力を自由に発揮できるとき、子どもは本当の自分を発見するでしょう。

遊びの専門家であるスチュアート・ブラウン博士は「本当の遊びは心の奥深くから出て

くる」と語っています。子どもが心の奥の声を聞けるようにしてあげましょう。子どもが自ら遊びをリードすることは人生の主導性を探す道でもあります。

4 ストレスに耐える力を育てる

遊びは心の健康とストレスに耐える能力に影響を及ぼします。

米国小児科学会（AAP）は、小児科医が「遊び」を処方するべきだと推奨しています。おもちゃや各種の教育プログラム、電子機器の使用で大部分の時間を過ごす子どもたちが、遊びを通して得られる学習や脳の発達の機会を奪われているというのです。

何より遊びには、ポジティブな気分を高め、不安やストレスを克服する効果があります。

前述のブラウン博士は、うつ症状のある人を遊びで治療できることを明らかにしています。うつ症状の患者が子どもや動物と楽しく走り回る時間を過ごすと、治療の役に立つというのです。遊びながら感じるポジティブな感情も、もちろん重要な役割をしています。ポジティブな感情がネガティブな感情を相殺しているという学者もいます。私は、遊びが持つ属性自体が、人が生きていくうえで必要な心の力を育ててくれるのだと思っています。

遊びは子どもの心を守ってくれます。心理学史上いちばん有名な実験であるウォルター・ミシェル教授のマシュマロ実験では、子どもたちがより大きな報酬を得るために我慢し、待つ能力を評価しています。今すぐマシュマロを1個もらうのと、15分待ってマシュマロを2個もらうのと、どちらかを選択させる実験です。

私も博士課程のとき、ミシェル教授がこの実験を創案したスタンフォード大学の付属幼稚園で同じ実験をしました。マシュマロの代わりに小さなプレゼントの箱を使いました。元の実験とは違い、私は実験室を離れず、向かい側で他の仕事をしているフリをしました。

実験しながら発見したのは、**喜んでその時間を待っていられる子どもたちには、それなりに戦略がある**ということでした。椅子の昇り降りをしたり、鼻歌を歌ったり。私に質問してばかりいる子どももいました。じっと座って何もせず、我慢しているだけの子どもはたいてい待つことに失敗します。それはあまりにも苦しい時間だからです。

我が家の小学生は書き取りや算数の宿題をやりたくない日に宿題ロボットになります。

一筆ごとに「シューンシューン！　プアー！　プシュー！」と口で効果音を出しながら書くのです。勉強したくなくてふざけているように見えるかもしれません。でも、遊びながら楽しめるなら、楽しんではいけない理由はありません。苦しさを楽しさに変える能力ですから、大人にも必要なものではないでしょうか？

複雑な世の中に適応するために遊ぶ力を育てる

子どもは世の中で学んだことを遊びながら消化していきます。病院で予防接種をしてきた子は、病院ごっこをします。注射がイヤでエンエン泣くくまのぬいぐるみが登場し、お医者さんは怖いライオンに変身します。涙を拭きながらママと帰ってくる途中で食べたアメは魔法のアメのお話になって、くまさんが痛くないように守ってくれます。子どもが遊ぶ様子を見ながら、丸くてかわいい石を拾って魔法のアメにしようと提案してみましょう。

遊びは優れた適応過程でもあります。病院ごっこをしているときはお医者さんにもなれるし、患者にもなれます。怖い病院ではなく、ぬいぐるみや魔法のアメが登場する新しいストーリーが始まります。子どもは通院という事件を自分が持っている情報と結び付けて、

自分で「扱える」形に再構成するのです。きっと次に病院に行くときには、最初よりうまく対処できるはずです。子どもには魔法のアメがありますから。

病院のシーンを描写しなくても、いつもしている自動車遊びで自動車が故障する、自動車が泣く、といった形で表現することもあるでしょう。子どもは消化できない感情をさらけ出し、受け入れながら遊びます。大人が気になることがあるとニュースを見て周りの人と話しながら事件を理解するように、子どもは子どもなりに遊びながら理解します。本当に不思議な過程です。このような行動を取るのには間違いなく理由があるはずです。

また、**脳は予測が大好きです。**既存の情報から次を予測し、意思決定します。でも、いつも自分の計画どおりに行くとは限らないし、新しい事件が起こります。そのストレスに対処しきれなければ、体と心から異常信号が出ます。

人間の脳はとても複雑な構造で、多くの情報を扱います。だから予測の過程も複雑です。私たちが多様で複雑な遊びができるのは、たぶんこの能力を育てるためではないかと思います。子どもが複雑な世の中を生き抜いていけるように、遊びの能力を育てましょう。

脳の発達のためにはどんな遊びをするべき？

子どもと一緒にする遊びのアイデアが必要な人たちのために、私の好きな、うちの子と楽しんでいた遊びを整理してみました。理解しやすいように年齢を書きましたが、絶対にその年齢でしなければいけないという意味ではありません。

脳の発達のために華やかで複雑な遊びをすすめる社会で、ささやかで目立たないけれど、子どもの内面を育てる遊びを紹介します。

《0〜2歳》

お散歩

この時期には最初に運動と感覚に関連した領域が発達し始めます。感覚を多様に刺激するために、親が毎日新しい材料を見つける必要はありません。**太陽、風、土、木の枝など、子どもが出会うすべての刺激が新しい学びです。**

この時期のいちばんいい遊びはお散歩です。子どもは親の胸に抱かれて、家の前の木の葉っぱが揺れているのをしばらく見ています。揺れる葉っぱの影の間に太陽が輝いているのを見守ること、顔に感じる風と木の葉の動きの関係を理解することは大きな楽しみです。毎日お散歩しながら浴びる日差しは熟睡に役立ち、歩き始めた子どもなら、外でエネルギーを消費してごはんもたくさん食べるでしょう。

体験ごっこ

この時期の子どもたちがいちばん好きなのは「体験」です。ママにできることは？ **家の中の物を1つずつ教えてあげるだけで十分**です。また料理する姿を見せてください。台所で使うしゃもじを渡せば、料理する様子を真似するでしょう。ブロックをしゃもじに載せて、子どもはキャッキャッと笑います。食器棚から出した蓋とお椀を合わせたり、スプーンでプラスティック容器を叩いたりして音を聞きます。料理遊びに夢中になったら、台所遊びのおもちゃを買ってもいいですが、なくても子どもはいくらでも遊べます。

感覚、運動の次は言語領域が発達します。人と物の名前を教えて、子どもの声に答えてあげましょう。今日は「しゃもじ」明日は「蓋」を教えます。子どもを安全に抱っこして、煮立っているチゲを見せながら「グツグツ」という音を聞かせましょう。

おえかきごっこ

この時期の子どもは、自分の行動が世界を変えることを楽しんでいます。おえかきごっこは自分の行動によって結果が変わることを観察するいい機会です。口唇期が終わったら、マーカーや絵の具を持たせましょう（まだ口唇期でも口に入れてはダメだと教えながら始められます）。水で消える材料を少量使うようにすれば消すのはそれほど難しくありません。

浴室の壁に絵の具を塗ってシャワーで消すのも子どもは大好きです。それも面倒なら、地面に木の枝で絵を描くだけでも十分です。ちゃんとした模様を描く、線のとおりに端まで色を塗る、といったことは、この時期のおえかきの目標ではありません。子どもが色や質感、自分の動きに集中できるようにしましょう。

《3〜5歳》

公園遊び

脳の高次機能が花開き始める3歳、社会性の基礎になる心の理論が成熟し始める4歳にいちばん必要なのは友だちの存在です。子どもは集まって遊ぶべきなのです。公園は子どもたちの小さな社会です。公園に行っても、他の子どもたちと活発に遊べない子がいるかもしれません。遠くから他の子が遊ぶ姿を見ているだけの子もいるし、同じ年頃の子とは遊ばずに、年上の子の後をついて歩き、仲間に入れてもらえず傷つく子もいます。友だちと遊びたい気持ちはあるけれど、ケンカばかりしてしまうこともあるでしょう。

だからといって、もっと大きくなるまで公園に行ってはいけないという意味ではありません。練習が必要だという意味です。そばで見ていて一緒に遊ぶ準備ができたらすぐ遊べるように、十分待ってあげましょう。子どもたちはそうやって学校に行く前の基礎になる「一緒に遊ぶ方法」を学びます。走り回って丈夫になる体と心はおまけみたいなものです。

想像のお話づくり

子どもたちの頭の中ではいろいろなことが生まれています。ママが読んでくれた本の話、遊びながら見たもの、自分が好きなものなどを合わせて、自分だけのお話をつくり始めます。子どもの興味に合う本を読んでやり、子どもがつくり出すお話を聞いてあげましょう。そのお話が発展して遊びになり、作品になり、お人形遊びにもなります。

決まりのある遊び

公園遊びによって子どもは小さな社会の構成員になりました。社会の構成員として、他の人と仲よく遊ぶ方法や決まりを学びます。そこで、「他の人と一緒に決まりを守って遊ぶこと」をおすすめします。じゃんけんや「そこでストップ」（訳注：童謡。歌に合わせて踊りながら「そこでストップ」で一瞬動作を止める）のような決まりのある遊びを教えてあげましょう。親が子どもの頃に楽しんでいたこおり鬼や陣取り、車の中やファミレスでも楽しめるなぞなぞや問答ゲームなどは、子どもの脳を育てるいい遊びです。

この時期から子どもは簡単なボードゲームができるようになります。ルールを守れず、負けを受け入れられなくても大丈夫です。私たちには他の人と一緒に遊ぶことに慣れていない子どもに配慮する、昔から伝わる「弱い者に味方する」文化がありますから。

おうちごっこ

子どもと親で一緒に家事をしましょう。自分で幼稚園に行く用意をさせて、掃除や食事の支度などにも子どもを参加させます。子どもにできる仕事を与えて一緒にすれば、責任感や独立心を育てるだけでなく、家事に対する全般的な理解も高まります。

子どもは寝て起きたら自然にきれいな服が用意されていて、トイレも自然にきれいになっているのではないということを知るでしょう。家事に参加することで、子どもは生存能力を育て、家庭に寄与する存在になります。

些細な家事でも子どもが楽しめれば遊びになり、仮に遊びにはならないとしても、とても重要なことには違いありません。

優しい脳科学相談室

Q

友だちと遊ぶのを嫌がります。公園で子どもたちが走り回っていると、それを避けて一人で遊ぶのですが、どうしたらいいでしょう？

A

イヤなことは避けて、自分に合うことを探せる証拠。交流を嫌がるなら、家で会話を練習しましょう。

子どもによって友だちと一緒に遊ぶ姿はみんな違います。公園で会うすべての子どもが友だちだと思っている子もいるし、数カ月間、同じクラスで一緒に遊んでいても、誰とも親しいとは思っていない子もいます。これは大人も同じですよね。友だちが多い人もいるし、友だちが少なくても十分だという人もいるものです。

友だちとの交流は重要な発達過程ではありますが、社会性というものは友だちとたくさん、早く付き合うことを意味するのではありません。**自分と気の合う友だちを見つけて、その友だちと共感しながら遊ぶ能力が必要**なのです。

私は子どもが公園で他の子どもを避けて静かに遊ぶのは、自分に合った遊び場所を探す積極的な行動だと思います。気が小さいのではなく、イヤなことは避けて、自分に合うことを探せるということです。他の子より時間がかかっても、自分と気の合う友だちに会えるはずです。

もし、子どもが他の人との交流自体を嫌がるようだったら、家で家族と1対1で会話すること、相手の言葉をよく聞いて答えること、自分の考えを言葉で表現することなどを積極的に練習させてください。学校生活や友情に関する絵本を見ながら、これからやってくる状況を考えさせるのも役に立ちます。

Q

子どもがコップに水を入れ続けて、わざとあふれさせます。家の中がメチャメチャになっても放っておくべきでしょうか？

A

端的に食事中のマナーを教えてあげましょう。また、あふれさせる楽しさに代わることを見つけてあげましょう。

遊びを思う存分繰り返してもいいという言葉は、時には心配の種にもなります。親が子どもの遊びを受け止めきれない場合もありますよね。

ある日、ごはんを食べていてコップを倒してしまったけれど、「あれ？　これってほんとに面白い」というわけですね。親はコップを見ているだけで、水を注ぐのが怖くなります。コップに始まって、ごはんもこぼして、スープもこぼして、だんだん扱いきれない問題になります。すべての遊びを受け入れるということではありません。世の中には境界というものが存在し、子どもにとっても例外ではありません。食事の時間に食べ物をこぼしてはいけないということは教える必要があります。

また子どもは「あふれさせる行為」の楽しさにハマっているので、これに代わることを見つけてあげるのがいいでしょう。お風呂の時間に浴槽の中でコップにいっぱい水を入れてあふれさせてもいいし、砂場に行って、砂をおもちゃのスコップですくって容器からあふれさせるのを無限に繰り返しながら、面白い時間を過ごさせてあげましょう。

そして、子どもには丁寧に説明しますが、指示は簡単な言葉にしてください。説明が長いと子どもは集中できません。「あふれさせる遊びはお風呂の時間に！」程度で十分です。カーペットにスープをこぼすと掃除が大変だと愚痴をこぼすのは、ポイントになるメッセージを理解しにくくします。

Q

女の子なのに男の子のおもちゃが好きです。男の子なのに、お人形遊びばかりしているのですが大丈夫でしょうか?

A

「男の子のおもちゃ」「女の子のおもちゃ」は大人の固定観念です。

子どもの目では男の子のおもちゃ、女の子のおもちゃの区別はできません。大人の目が区別をしているのです。

おもちゃのない部屋の中で、47カ月の子どもたちを自由に遊ばせると、つかみ合う、押したり引っ張ったりする、ふざけていたずらをするなど、最も基本的な形態で遊び、性別による違いはないそうです。公園ではない湖や森の中で子どもを遊ばせると、性別に関係なく、木に登り、野原を駆け回り、石を湖に投げるなどの遊びを始めます。

固定観念を学習すると、実際に脳の発達が変わります。人種差別的観点を持った人ほど人種に関する情報に敏感で、性差別的固定観念を持った人には、固定観念を捨てる行動は

「例外」としてインプットされます。

子どもに及ぼす影響はもっと悲惨です。男子は共感力が足りなくて、女子は数学が苦手だという固定観念は、それらの能力を学習する多様な機会を、男だから、女だからという理由で、最初から放棄することになるのです。

その結果、脳の発達のための機会を失い、固定観念どおりに育つでしょう。「男の子がどうしてお人形遊びをするの？　外に出て友だちとサッカーしなくちゃ」という言葉で、子どもを壁の中に閉じ込めてしまわないよう願っています。

頭脳すくすくチェックポイント

遊びは自ら考え、問題を解決する方法を教えるいちばんいい先生です。特別なおもちゃが脳を賢くするのではなく、子どもが自由に興味に従って遊び、他の人と疎通するとき、新しい能力が育つということを忘れないようにしましょう。

1 お子さんは親の指示ではなく、自分の選択で自由に遊んでいますか？

2 お子さんには自分を愛してくれている人と遊ぶ時間が十分にありますか？

3 お子さんは同じ年頃の子と自然に出会う機会がありますか？

4 お子さんは退屈さを解決するために十分な時間がありますか？

サイクル

5

読書

脳を成長させる
読解力の秘密

文字は人間がつくり出した素敵な発明品です。
人類の文化は読み書きから始まって目覚ましく発展しました。
子どもたちにこの発明品を享受する機会をあげましょう。
読むことを学ぶ過程で、脳は完全に生まれ変わります。
本を読み話を聞きながら、脳は人の気持ちと
多様な世の中を理解する方法を学びます。
読書は行ったことのないことを経験する最高の方法です。

読書は未来へのプレゼント

寝ている子を見ていると、子どもの未来にいいことばかりあるようにと祈りたくなります。明日も面白く遊んだら、幸せだったら、つらいことがあっても乗り越えられたら、賢くなれたら、他の人の役に立つ人になれたらと。

親が子どもの人生にずっと残るものをプレゼントするなら、それは本を読んであげることではないかと思います。多くの研究が、本を読むことが子どもの人生にいい影響を及ぼすことを教えてくれます。私たちはみんな本から情報を得て、楽しさを感じますし、本を読むためには脳を活発に使い続けなければならないことは、本を読む習慣のある人なら想像できるはずです。私たち大人にとってはそんなに不思議な話ではありません。

では、子どもの場合はどうでしょうか？　子どもはまだ自分で字が読めませんね。他の大人が読んでくれるのを聞いて、理解できなくても本の中の絵や文字を見るのが子どもの読書の仕方です。自分で字が読めないのに、本を読む、いえ、本を聞く効果があるのでしょうか？

言語能力が発達し、語彙が増える

言語の発達でいちばん重要なのは、**子どもがどれだけ多くの言葉を聞くか**です。誰もが聞くことから言語の発達が始まり、その後、話し始めます。読み書きができるようになるのはずっと後のことです。

聞く量も重要ですが、質も重要です。言語の質とは、どれだけ多様な言葉を聞くか、それが子どもに適切な言葉か、直接子どもに話しかけているかなどを意味します。

本を読んであげることは、子どもの言葉の理解を広げます。本を読んでもらった子どもは言葉の意味を理解し、絵と言葉をつなげる能力に優れているそうです。本を読んであげながら質問して、解説するのも言葉の理解に役立ちますが、何も説明せずに本を繰り返し読むだけでも効果があるという研究もあります。

また、いつも本を読んであげていると、子どもたちは新しい言葉をたくさん使います。**理解する言葉の数が多くなると、表現にも影響が及ぶ**ものです。

イリノイ大学のジェシカ・モンターグ教授の研究によると、[1] 100冊の絵本の文字と子ども相手の4432件の会話を分析した結果、会話より絵本に多様な言葉が含まれていることが分かりました。たとえば、2万個の言葉が子どもに伝達されるとき、会話では約2000単語、本からは約3000単語が伝達され、子どもは絵本から会話より約1・72倍多様な言葉を聞くことになります。

この研究に使用した絵本の言葉は平均680個。おおざっぱに見積もって600個の言葉がある本を毎日1冊ずつ親が読んであげれば、その子は本を読まない子より1年に21万9000個以上の言葉を聞くことになります。

ソハが小さい頃に好きだった『こいぬのうんち』には、路地裏の垣根の下にうんちをする子犬のヒンドゥンや、牛のタルグジを引いて歩くおじさんなどの人物が登場します。今では誰も子犬に「ヒンドゥン」という名前は付けませんが、子どもはその名前になじんでいたし、一度も見たことのない牛のタルグジという名前を聞いて、絵を見ながら牛の姿を想像するのです。3、4歳の子どもの口から「どれくらいかわいいの？ お空のお星さまくらいきれい？」のような文章が出てくるのは、すべて本のおかげです。

表現力が発達する

子どもたちが自分の好きな本のことをぺちゃくちゃ話したりしませんか？ **本を読む子どもは表現力が優れています。**時間が経つほどあらすじを描写するテクニックが身につくのです。大人はもちろん、子どもには簡単ではない能力です。

かなり前の研究ですが、ブリティッシュコロンビア大学のヴィクトリア・パーセル＝ゲイツ教授の論文によると、[2] 本をよく読んでもらっている子は自分の誕生日パーティーの出来事を話し、文字のない絵本を見せて本を読むフリをさせると、本を読んでもらっていない子よりも生き生きとしたお話をつくるそうです。読んだ話を覚えているだけでなく、お話をつくり出す能力まで備わっているということです。

共同注意能力が育つ

本を読んであげることは言語の発達よりもっと多様な面に影響を及ぼします。たとえば、**子どもの注意力**です。子どもが他の人と疎通するためには、関心の共有または共同注意と呼ばれる能力が必要です。これは発達過程で自然に現れる能力です。散歩の途中でパパが道の反対側を指さして「あっちに子犬がいるね」と言ったら、子どもはパパが指さしたほうを見て子犬を見つけます。これが共同注意です。**他の人がしていることや見ている対象が何なのかを知って、一緒に注意を傾ける**能力です。他の人との相互作用、意思疎通のための必須能力で、新生児の頃から始まって乳児期全般にかけて発達します。

1歳前から、子どもは養育者を含めた他の人の視線が向いているところを一緒に見るようになります。その後、他の人が何かを指さすとその方向を目で追い、自分の注意を引きたいときにも指をさして声を出し、目で訴えます。この過程で子どもは社会的疎通に積極的に参加するようになり、**以後の言語の発達及び認知機能の発達に影響を及ぼします。**

本を読んであげることはこの能力を練習させるいい方法です。本を読んであげるには子どもと親が一緒に本を見る共同注意の過程が必須ですから。親が指さす絵を見て子どもが興味を見せる本があったら、子どもの興味に合わせて本を読んであげて、子どもと会話するなど、適切な反応を見せてあげましょう。

本を読むことで育つ共同注意能力は、他の状況に広がっていきます。普段話をする、一緒に遊ぶなどの時間にも、子どもは親の関心を理解し、親が子どもの興味に合わせる相互作用がうまくいくようになるので、子どもの発達にいい影響を及ぼすのです。

アイルランド経済・社会研究所のアシュリン・マレー博士の研究[3]では、**0歳からママに本を読んでもらっていた子どもは、相互作用能力と問題解決能力に優れている**ことが分かりました。ちなみに絵だけを見せた子どもにはこの効果は期待できませんでした。本とは関係なく、ママがたくさん子どもに話しかけると、同じ効果が見られたため、ママが子どもと相互作用しながら共同注意をリードすること、その過程で本から多様な言語の刺激を受けることが重要だという結論が下せます。

言語の発達や認知機能の発達に及ぼすポジティブな影響は、この後、子どもの成績や大人になってからの就業の質と年俸の高さにつながります。

「聞く」脳が発達します

本を読んであげることと脳の発達の関係を研究した論文はまだ多くはありませんが、シンシナティ小児病院のジョン・ハットン博士の研究は外せません。

２０１５年に発表された研究では、３～５歳の未就学児に話を聞かせながら脳の活性化を観察しました。[4] すると、話を聞いている間、子どもの脳のいくつかの領域が活性化しました。特に音や音韻情報を処理する領域や意味を処理する領域など、言葉を聞いて理解する領域が集中的に活性化するのが確認できました。

特に普段から言語刺激が豊富な読書環境を提供している家庭の子どもは、大脳《だいのう》皮質《ひしつ》連合《れんごう》野《や》が著しく活性化していることが発見されました。言語の意味を処理するために重要な役割を果たすいくつかの領域が集まった場所で、子どもが一人で本を読んでいる間に活性化します。ここが別の領域に情報を伝達して長期の記憶をつくり、学習した内容を統合して、文字と意味をつなげます。

普段からたくさんの本に接し、家でたくさん本を読んでもらっている子どもの「読む」

脳が、活発に話を「聞くこと」に関与するという事実はとても興味深いです。まだ一人で本を読めない子どもは、大人が読んでくれる本の話を聞きながら意味を把握し、頭の中で内容を想像するようになり、その過程を繰り返すことでこの領域はどんどん発達するでしょう。大きくなって子どもが一人で本を読むとき、本の内容をよく理解し、思う存分想像する準備ができているはずです。

この論文の主要執筆者であるハットン博士は『ニューヨーク・タイムズ』紙のインタビューでこう語っています。

「(話を聞きながら想像する)この過程が絵のない本に転換する際に役に立つでしょう。話から何が起こるかわかるように脳が発達するので、大人になってから優れた読者になる助けになるはずです」

さらに成熟した脳になる

本を読むことが子どもの脳の活動を変えるなら、長期的には脳の構造も変わるのでしょうか？

南カリフォルニア大学とカリフォルニア州立大学ロサンゼルス校、イスラエルのハイファ大学の共同研究チームは、読む能力と関連している脳の発達の習熟度を検証しました。[5] その結果、単語を読むこと、流暢に読むこと、文字の名前を覚えるなど、子どもの読む能力が優れているほど左脳の下頭頂小葉《かとうちょうしょうよう》の灰白質《かいはくしつ》が小さくなることがわかりました。文字を早く読む能力は左脳の下前頭回《かぜんとうかい》の灰白質を小さくすることもわかりました。

これは、ニューロンの剪定《せんてい》（刈り取り）によって、不要な連結が減らされ、細胞体が集まっている灰白質が小さくなったと解釈できます。つまり、成熟した脳になったということです。この研究では子どもの読書量は提示していませんが、読む能力が優れているということはたくさんの本を読んだからだと仮定して、**読書経験が脳の発達に影響を及ぼし、構造的な違いもつくり出す**のだと結論づけました。

文章読解の環境がいいほど、左脳が成長する

2019年に発表されたハットン博士の別の研究は、脳の発達と本を読むことの明確な関係を示しています。[6] 拡散テンソル画像（DTI）の技術を使用することで、未就学児の初期の文章読解力のレベルと、親が答えた家庭の文章読解の環境のレベルは、左脳の発達に影響を及ぼすことを発見したのです。

この研究によると、家庭で文章読解のための環境がしっかりつくられている子どもの脳は、左脳の言語と読む能力を担当する領域の間にある白質連結性が優秀だったそうです。これは、**たくさんの話を聞いて育った子どもは、言語の信号が脳の中をスイスイ走れるように道がつくられている**と理解できます。

どちらの研究も本を読むことが脳の構造的発達に影響を及ぼすと結論を下し、子どもの頃から本を読んでやることが重要だというメッセージを伝えています。

字を読める子にも本を読んであげるべき？

子どもにいつから本を読んであげるか悩んでいるなら、答えはとても簡単です。今日から読んであげましょう。子どもが何歳でもかまいません。お腹の中にいるときから読んであげてもいいのですよ。

本を読んであげるという魔法に年齢は関係ありません。米国小児科学会では0歳、つまり、生まれてすぐから本を読んであげることを推奨しています。これまで米国小児科学会では母乳の授乳、ワクチンの接種、栄養摂取など多様なテーマについて推奨事項を発表してきました。その中で子どもの文章読解力の発達に的を絞ったものは、比較的最近の2014年に発表されました。

この政策に参加したパメラ・ハイ博士は『ニューヨーク・タイムズ』紙でのインタビューでこう語っています。「子どもに会うたびに毎日本を読んでもらうようにと医師は伝えるべきです。家族の楽しい日課にしてほしいと伝えましょう」

乳児に本を読んであげることになじみのない親もいるでしょう。まだしゃべれないし、話を聞いてもわからない子どもに本を読んであげるのは張り切りすぎじゃないかとも思うし、本当に効果があるのか疑わしいですよね。

2022年に発表された論文によると、アイルランドで900人以上の子どもを調査した結果、**生後9カ月から本を読んでもらっていた子どもは、3歳での語彙力がとても優れていた**そうです。[7]

私には研究結果よりもっと驚いたことがあります。研究に参加したアイルランドの家庭のうち80パーセントが生後9カ月の子どもに本を読んでやっていたということです。思ったよりも多くの親が、1歳前の子どもに本を読んであげていました。

では逆に、子どもにはいつまで本を読んであげればいいのでしょうか? 本を読んであげ始めるのにいちばんいいのが「なるべく早く」なら、本を読んであげるのをやめる時期は「なるべく遅く」がいいでしょう。

もう字が読めるのに、なぜ本を読んであげるべきなのか？　2つの理由が考えられます。

まず、**子どもが字を読めるようになったといっても、本の内容が理解できるわけではない**からです。知らない言葉も多いし、文章の裏に隠された微妙な意味もあるし、背景の知識が必要なケースでは、文字を読むだけで本の内容をすべて理解するのは難しいです。スラスラ読めなければ、2、3ページ読めば飽きてきます。こんなとき親と一緒に本を読めば、一人で読める範囲を超えて理解できるし、子どもの読む能力の向上にも役に立ちます。

次に、**本を読む時間は愛情と関心の時間**だからです。我が家の子どもたちはもう一人で本を読める年齢になりました。それでも親と一緒に本を読む時間が大好きです。本を読んであげるときは、たいていソファーに座って1枚の毛布をみんなで掛けています。どちらかの子とくっついていることもあるし、子どもの間に挟まっていることもあります。

一緒に本を読むときに子どもがとても好きな本は『マジック・ツリーハウス』のシリーズです。私たちの家族のように、メガネをかけていて本を読むのが好きなお兄ちゃんのジャックと、魔法を信じていて少しおてんばな妹アニーのお話です。昨年まではソハとママが一緒に読んでいるのをユハが聞いていました。2023年からはユハも合流しました。ソハはジャック、ユハはアニーのセリフを読んで、ママはナレーションを担当します。家族で一編の演劇のように本を読む時間がどれほど大切かしれません。

スカラスティック社は、子どもたちに親に本を読んでもらうのが好きな理由を聞きました。6～11歳の子どもの87パーセントが、親と一緒に本を読むのが好きだからと答えました。親の82パーセントも、本を読んでやる時間が楽しいと答えています。子どもたちは親が本を読んでくれる時間は特別な時間で、面白いと答えたそうです。ずっと読んであげましょう。子どもが親の愛情を感じる方法の1つです。

パパ読書が言語能力を育てる

家で子どもに本を読んであげるのは誰でしょう？　いくつかの国の統計を見ると、子どもに本を読んであげるのは主にママです。家庭内の読書に関する研究によれば、イギリスの家庭で子どもに本を読んであげるママは42パーセント、パパは29パーセントでした。

韓国も同様です。児童書出版社のハンソル教育が２０２０年に発表した資料によると、乳幼児のいる家庭の87・２パーセントはママが本を読んであげているそうです。パパが本を読んであげるケースが50パーセント以上だという答えはいくらもないということです。

最近は多くのパパが育児に積極的に参加しているし、関連した本や情報もたくさんあります。ところが、パパの育児は運動遊びや運動に重点を置いたものばかり。本を読むことについてはどうなのでしょうか？

パパが育児に積極的に参加することは様々な面で子どもの成長に役立ちます。中でもパパが本を読むことは大きな効果を生み出すことが分かっています。

オーストラリアのマードック小児研究所（ＭＣＲＩ）では、パパの読書参加が子どもの発達に及ぼす影響を研究しました。[8] オーストラリアの４０５件の家庭を分析した結果、２歳のときにパパに本を読んでもらった子どもは、子どもの初期の文章読解力には大きな差はなかったにもかかわらず、４歳で言語能力が発達していることを発見しました。言語的表現能力と理解及び言語的受容能力のすべてが高いのです。家庭の収入やパパの学歴、ママが本を読んでくれる程度とは関係ないそうです。

教育学者のエリザベス・ダースマ博士は、パパが本を読んであげることを少し近くで観察しました。研究チームはパパが本を読んであげるとき、**難しくて抽象的な言葉をたくさん使っている**ことを発見しました。また、本の内容について子どもと話すとき、パパは**子どもの経験に関する会話**をします。たとえば、本文中にハシゴが出てきたら、実際にハシゴを使って屋根を直した話をするのです。それに比べてママは、本に出てくることの描写や細かい部分に集中します。子どもにハシゴの色やお菓子の数を質問することもあります。

ダースマ博士の別の研究でもＭＣＲＩの研究と似た結果が出ています。パパに本を読んでもらっている子どもたちは、話の理解力と本に対する知識、言語的能力のすべてが優れていたそうです。

パパとママの本の読み方の違いについての研究は、それほど多くありません。いくつかの研究を総合してみると、**ママは情緒的表現をよく使うのに対し、パパは難しい言葉を多く使い、質問がはっきりしていて、因果関係についての説明をよくする**ようです。

イギリスのヴァヒシュタ・セトナ博士の研究チームは、128人のパパが2歳の子どもに本を読んでやっているところを録画し、本を読むことで起こる相互作用と、子どもの認知機能の発達を比較しました。[9] 本を読んでいる間、子どもに敏感に反応するパパと相互作用した子どもは、注意力、問題解決能力、言語及び社会的能力など、認知機能の全般的な発達で優秀さを見せました。セトナ博士はあるインタビューでこう語りました。「子どもがとても小さい頃からポジティブに相互作用できるように、パパが助けてあげるべきです。特にポジティブな情緒に共感し、本を一緒に読みながら認知機能の発達を助けてやれるように、パパと子どもの本の読み方について教育するべきです」

私は「ママは本をこう読んで、パパはこう読みます」と決めつけるつもりはありません。研究結果は傾向を説明しているだけで、すべてがあなたの家庭に当てはまる訳ではありません。「パパが本を読んであげるほうが、ママが読んであげるより脳の発達にいい」と主張しているわけでもありません。この研究から学ぶべきことはとてもシンプルで明確です。**みんなで読んであげればいい**ということです。

同じ本でも人によって読み方が変わります。セリフを演技するように実感を込めて読む人もいるし、内容を読んで感想を話し合うのが好きな人もいます。親の関心や背景への知識はみんな違うので、同じ絵でも関心が向かう部分は違うし、子どもが質問したときに説明できる領域も違います。子どもからどうして雨が降るのかと聞かれたとき、水蒸気が集まって雲になる過程を説明する人もいれば、雲の中で蛇口をひねって雨を降らせる妖精の話をする人もいます。ママとパパが好きな本もそれぞれ違いますね。

ロバート・バリーの『おおきいツリー　ちいさいツリー』という絵本を知っていますか？ウィロビーさんの家に届いたクリスマスツリーが大きすぎて、上の部分を切ることになり、切った部分はお隣さんや動物たちが持ち帰り、そこでクリスマスツリーの飾りになって、多くの家族が幸せなクリスマスを過ごしたという話です。夫はこの本を読んで、子どもに「だから物を買うときはサイズをしっかり測るんだぞ」と言ったそうです。まったく、それぞれの家庭にクリスマスの幸せがあふれる美しい話を読んでこんな教訓を得たとは、本当に驚きです。エンジニアのパパの観点が如実に表れていて、面白くもあります。

おじいちゃんとおばあちゃん、おじさんとおばさんも、子どもに会ったときには本を1冊読む時間を持ってはどうでしょう？　子どもと交わす会話も多彩になるし、子どもの脳もすくすく育ちます。

パパがもっと読書に参加できる方法はあるでしょうか？　カウンセリングで、本を読むことに積極的に参加しているか、参加していなくても関心を持っているパパ8人にインタビューをしてみました。本を読むことにまだ積極的に参加していない人は、家で家事をするか、子どもと運動遊びをして過ごしていました。子どもが運動遊びを喜ぶからということもありますが、本はママが読んでくれるもので、パパが読んでくれる本は面白くないと子どもが思っているからでしょう。平日に子どもと過ごす時間を持てないパパは、週末に一緒に出かけることなどで育児に参加します。夫婦がそれぞれ得意なことや好きなこと、子どもがしたがることを各自で担当するのは自然な姿です。特に子どもと本を読むことは最初はぎこちないと思うので、パパは積極的になれないかもしれません。お姫様のお話が好きな娘にお姫様の本を面白く読んであげるのは難しいと思っているパパもいました。

子どもと本を読むことに積極的に参加しているパパはどうでしょう？　あるパパは、息子が好きな自然科学の本はよく一緒に読んでいると話してくれました。そのパパは科学の先生なのです。子どもが知りたいことがパパの得意分野と同じなので、一緒に本を読み、一緒に考えて答えを探す楽しみが倍になるのでしょう。他にも自分も本が好きなので、子どもを書店に連れていくのが楽しいというパパもいます。**子どもと書店に行って、パパが本を選んでいる姿を見せれば、子どもも自然に本を選ぶようになります。**

子どもが読む本をパパが選んでプレゼントしたという話もありました。プレゼントした本をパパが読んであげると、子どもは喜んで話を聞くそうです。それから毎日、寝る前に本を読んであげているというパパの話がとても記憶に残っています。毎日のことなので、どうすれば子どもが面白がってくれるか悩んでしまうそうです。

脳の発達も、パパの本を読む実力も、これが正解だと思います。「続けること」です。

子どもに本を読んであげる時間は楽しい時間だと気づけば、パパは積極的に本を読むことに参加できます。パパと子どもが一緒に過ごす時間は限られているので、運動遊びと本を読むことのうち、どちらを選んでもいいと思います。本を読むことで子どもの脳が発達するという利点があるので、パパも時々参加するのがいいという話です。毎日読んであげられたら、もちろんいちばんいいですね。機会がなければ週末だけでもかまいません。ママがあまり読んでくれないゲームの本、パパが好きな歴史の本を読むだけでも大丈夫です。子どももパパとの読書の時間が楽しみになるはずです。

ほとんどの家庭でママが本を読んであげている社会で、本を読んでくれるパパはきっと特別なパパです。子どもとより多くの時間を過ごそうと努力して、本を読むことの大切さを子どもと共有しようとする素敵なパパですから。1冊でも子どもが好きな本を一緒に読めば、子どもとさらに近づけます。それがいちばん大事なことではないでしょうか？

しゃべるのは得意なのに読むのが下手な現象

親のお話を聞きながら育った子どもたちは、だんだん文字が読めるようになってきます。読み書きは本当に神秘的な脳の能力です。子どもは読む前に聞き、書く前に話します。読み書きはたいてい子どもが言葉で意思疎通できるようになってしばらくしてから現れる能力です。読むことが聞くことより難しいのはどうしてでしょうか？

読むことを学ぶのに長い時間がかかる決定的な理由は、**人が読むために必要な脳の領域を持たずに生まれる**からです。

人の行動は生まれつきの能力とそうではない能力に分かれます。言葉は生まれつきの能力です。周囲の人が話すのを聞きながら育てば、自然に言葉を聞き分けて、言葉が出てきます。話し方教室に通い、教材を使って勉強しなくても、同じような時期に同じ過程を経て話せるようになります。これはどの文化圏でも同じです。一方、文字は人間の発明品です。もともとあったものではありません。だから、放っておいても自然に文字が読めるようにはならないのです。文字を学習し、読む訓練をしなければ不可能なことです。

脳で言語を担当する領域を調べてみると、もっと確実に理解できます。音声言語をつくり出し、理解する過程にはいくつかの脳の領域が関与していますが、中心的な役割をする2つの領域があります。**ブローカ野**と**ウェルニッケ野**です。

ブローカ野は前頭葉の一部分で、主に左脳にあります。ブローカ野は言葉をつくって話す機能を担当する領域として知られています。最新の研究では、言語の理解にも関与していることがわかってきました。音声言語だけでなく、手や体で意味を表すジェスチャーをするときにも活性化します。

この領域が損傷すると、言語の理解よりも音声言語の表現に支障が出ます。「ママが運転して私をお店に連れていった」と言うところを「お店、ママ、ママの運転」になってしまうのです。文法に合わせた文章がつくれず、簡単な単語だけを使って、本来の言葉とは違う言葉を組み合わせて意思疎通しようとします。ブローカ失語、または運動性失語と呼ばれています。話すことに支障はあっても、言葉を理解することには大きな問題はなく、他の知的能力には損傷を受けていない患者を観察することで、ブローカ野が核心的な脳の言語再生領域であることが明らかになったのです。

ウェルニッケ野は左脳の側頭葉にある領域で、言語を理解する役割をしています。聴覚情報と視覚情報を分析して理解する機能に絶対に必要な領域で、意味のない騒音を聞くと一時聴覚野が活性化しますが、意味のある言葉を聞くとウェルニッケ野が活性化します。この領域に損傷が起きると、流暢なのに意味のない言葉を繰り返すことになります。ちゃんとした文章で話しているようでも、自分で言ったことが理解できていないこともあります。これをウェルニッケ失語、または感覚性失語といいます。

このように発話と理解を担当する脳の領域が存在するということは、脳がもともと話すための用意ができていることを示しています。

「読む」ときは脳の領域をリサイクルしている

でも、読むことは少し状況が違います。**読むことを担当する脳の領域は決まっていない**

のです。では、どうして「読む」ことができるのでしょうか？

進化生物学者によれば、人類が道具を使うようになってから200万年以上経つのに比べて、文字を使用するようになってから5400年しか経っていないため、脳が文字の使用に最適化されるほど進化していないそうです。直立歩行で使う足を自転車のペダルをこぐときにも使うように、人はもともと持っている脳の領域を活用して文字を読みます。つまり「リサイクル」しているのです！

リサイクルの対象は「テキストボックス」である視覚性語形領域です。人が読む能力を会得するのは、視覚性語形領域が、文字という特別な種類の視覚的刺激に敏感に反応するように訓練されることから始まります。訓練された視覚性語形領域はタイヤの丸い形と、ハングルのパーツである丸い形が違うことを覚えます。文字と文字でないものを区別する審査員の役割をするのです。初めは上手にできません。ハングルのパーツが区別できないこともあります。でも、頑張って練習すると、文字の色、大きさ、形などが変わってもスラスラ読めるようになります。

文字の認識を担当する領域ができても、子どもが難しい文章をスラスラ読んで理解できるわけではありません。文章を読んで理解する過程は、より多くの脳の領域が協力して仕事をしなければならないのです。いくつかの領域が連結して信号をやり取りしながら仕事をするので、一緒に仕事をする脳の領域はチームであり「読むネットワーク」と言えます。

このネットワークに参加する脳の領域は2つに分けられます。言葉を声に出して読む役割をする領域と、言葉の意味を把握する領域です。

前者は腹側経路《ふくそくけいろ》で、視覚野からスタートして言葉の理解を担当する側頭葉に信号を伝達します。「鷲」という文字を読むと、脳がそれをワシという「音」に変化させるのです。この経路の発達は比較的早く進み、成人までレベルが維持されます。

後者は背側経路《はいそくけいろ》で前頭葉に信号を伝達し、言葉の意味を把握する役割をします。鷲が鳥の種類で、猛禽類であるという情報を取り出し、文章を理解させるのです。鷲という言葉を初めて聞いたら、脳で使用する情報がなくて首を傾げてしまいます。この経路は読む能力が成熟するのに合わせてゆっくり発達します。

上手に読めるまでの脳のプロセス

文字を読むとき、子どもの脳と大人の脳を比べてみると、視覚経路の脳の領域は、小学生から20代前半まで似たようなレベルで活性化されますが、**意味を認知する経路の脳の領域は、大人になるにしたがってだんだん活性化される**ことがわかっています。

5～6歳程度になると、言語中枢のある脳の左半球のバランスが安定してきます。ほとんどの人は左脳で文字を読むのですが、この傾向ができあがる頃だという意味です。平均的に5～6歳程度になれば、脳でスムーズに文字を処理することができるということです。

しかし、文字の内容を素早く理解するためには、もう少し時間がかかります。そこで、一部の国や教育の専門家は、5歳未満の子どもに言語教育をしないことを推奨しています。脳の準備ができていない状態での言語教育は、子どもに大きな負担になるからです。

イギリスが4歳、アメリカでは5歳から公教育が始まりますが、ドイツ、イランなどは6歳からです。韓国も政策上は6歳からですが、子どもたちはその前から言語教育を受けているケースが多いですね。フィンランドは他の西欧諸国より1、2年遅い7歳から学校生活が始まりますが、読む能力の検査で後れを取ってはいません。フィンランドの幼稚園では勉強は教えず、遊びの時間に充てていますが、15歳を基準にした読む能力の評価で、イギリスやアメリカより点数が高いそうです。

子どもの脳の発達は個人差があります。いつになってもいいので、子どもの脳の準備ができてから始めると、簡単に楽しく覚えられます。では、子どもが読む準備ができたかどうかはどこでわかるのでしょうか？

子どもが文字を読むというのは、世の中の多様な視覚情報の中から、**文字という特別な情報をスッスッと抜き出して認識する**ところから始まります。まだ文字が読めない状態、または文字は読めても難しい文章を見たとき、「白いのが紙、黒いのが文字だ！」と言いますが、子どもの文字の認識はこんなふうに始まります。直線と曲線、丸や四角などの形のある何かが表示されていれば、これは特別なものだということを知るところから始まるのです。

　それはお店の看板やマンションの部屋番号のこともあるし、本の表紙にあるタイトルかもしれません。スマホに小さくてくねくねした何かが表示されていれば、誰かが送ったメールだということがわかり、新しいおもちゃを買うと、説明書にびっしり書かれた黒い文字を読みながら組み立てるのだとわかるのです。

　この時期の子どもは大人が読む本を逆さに持って読むフリをし、何度も読んで内容を覚えてしまった絵本のページをめくりながら、主人公のセリフを真似します。読むという行為がわかっているのです。紙にくねくねしたミミズのような絵を描いて、ママ、パパにお手紙だと言って渡すこともあります。文字で意思疎通しようとしているのです。

　記号の世界を知れば、子どもは特定の形が意味を持つことになじんでいきます。緑色の十字模様は病院を意味し、横断歩道では青信号で渡ることなどを知っていくのです。こうして記号で意味を伝達することを理解するのが、文字学習のとても大事な始まりになります。

次の段階で、**文字は音と意味がつながっている**ことを知っていきます。

まず、言葉の音を聞き分ける能力、音韻論的な認識が必要です。たとえば、なすという言葉は「な」と「す」という2つの音でできているということ、なすの「な」は魚の「な」と同じ音だということなどを知っていくのです。これがわかれば、「な」という文字にぴったり合う音を思いつきます。「な」という文字の形を知り、次に「な＋す＝なす」だということがわかって、ようやく「なす」という言葉が読めるのです。

子どもはたいてい自分にとって意味のある言葉から覚えます。よく読む本のタイトルの最初の文字を覚える、自分の名前、ママ、パパ、自分の家の部屋番号などをまず覚えて、真似して書き始めるのが普通です。

知識をつなげて本を読む

きちんと読めるまでには、まだ関門は残っていますね？　読んだ言葉の意味を知らなければなりません。同じ音でも違う意味の場合があるので、区別できる必要があります。脳の読むことのネットワークは音を読むルートと意味を把握するルートに分かれており、文字の形を見て声に出して読み、意味を把握する2つのルートを使って、脳は言葉を読むのです。

言葉を一つずつ読む能力だけでは、本を読むには足りません。言葉がつながって文章になり、文章が集まって長い文になると、もう少し深い理解が必要になります。長く複雑な文章を理解するためには、数年間の練習と背景の知識が必要です。

小学生の子どもで考えてみましょう。子どもは友だちと会話をし、階段を上り、ごはんを食べるのをとても自然に、上手に、意識しないでできるはずです。簡単な内容の絵本はスラスラ読めます。動詞もわかるし、聞き書きも問題ありませんね。

でも、教科書はどうでしょう？　教科書は新しい概念を教えるためにつくられた本なので、いつも知らない言葉が出てきます。科学の教科書に出てくる用語や理論を理解するのは、余裕でできることではありません。知らない語彙の意味を学び、例を読んで理解し、自分の人生に当てはめられることでないと、楽に読むことはできないはずです。

今までに学んだ知識がこの過程を助けてくれます。2、3年生の教科書を十分に理解した子が、4年生の教科書を理解するのは簡単です。もう様々な概念をつなげる精巧な思考が可能で、文章の中の深い意味を解読できます。既存の知識を利用して本を読めば、知識の体系が広がる好循環の始まりです。

多くの知識がない状態で本を読むのは難しいのです。ここでいう知識とは語彙自体でもあるし、読者が当然知っていると仮定して説明されない背景の知識でもあるし、内容について批判的に思考するために必要な材料や能力でもあります。

メアリアン・ウルフは著書『デジタルで読む脳×紙の本で読む脳「深い読み」ができるバイリテラシー脳を育てる』でこう語っています。幅広く、そしてきちんと読書をしてきた読者なら、新しい文章を理解するために適用する多くの資源を持っているが、背景の知識がない読者は、与えられた情報を推論し、分析するために使用する資源がないので、フェイクニュースのような確実ではない情報の犠牲者になるしかない、と。

十分な背景の知識がなければ、新しい本を理解することに支障があり、結局は自分の知っている世界から抜け出すことができません。最近のように出所が確認できない多くの情報があふれている時代ならなおさらです。このプロセスを休みなく行うなかで、お子様読者は熟練読者になるのです。

本を読むと共感能力が高まる

文字を読むこと以外にも、本には人が生きていくうえで必要な能力が詰まっています。**他の人の考えを理解し、共感する**能力です。

ジャン・ピアジェは子どもは「自己中心的」だと語りました。他の人の観点を理解するのが難しいからです。でも、本はお話の中の主人公が経験することを見せてくれます。それは一度も見たことのない、これからも見られない妖精や英雄のお話でもあり、みんなが同じように経験しそうな幼稚園の問題でもあります。悪者に立ち向かい戦って世界を救いもすれば、友だちとおもちゃのことでケンカして傷ついても、次の日には仲直り。本は多くの状況で経験できる感情、考え、行動などを見せてくれます。

本を面白く読むためには、本の登場人物が経験することを、まるで自分が経験するように感じることが重要です。これを**共感**と呼びます。学者ごとに共感能力に対する定義は少しずつ違い、時代によっても少しずつ変わってきます。

共感は**認知的共感**と**情緒的共感**に分けて考えられています。認知的共感は他人の考えを理解すること（サイクル4「遊び」の心の理論を思い出してください）、情緒的共感は他人の感情や感覚を一緒に経験することです。学者によっては、相手の考えや感情を理解し、適切な反応行動をすることまで共感能力と言っています。泣いている人を見たら、なぜ泣いているのか、そして何を感じているのか理解し、慰める行動までを共感に含めているのです。

共感は**自分を相手の立場に代入して考える**ところから始まります。

エモリー大学のグレゴリー・バーンズ教授の研究によると、小説を読んでいる間、そして、読み終わってから数日後まで、読者の脳は変化を見せます。[10] その1つが、側頭葉、後頭葉、島皮質などをつなぐ中心溝周辺の左脳と右脳のネットワークです。このネットワークは体感及び運動において重要な役割をしています。研究チームは、読者が主人公に自分の体を代入して考えるので、体感や運動のネットワークに変化が見られるのだと考えました。

バーンズ教授は、脳の画像を撮影している間は本を読んでいないのに、ネットワークの連結性が増加したことに注目しました。本を読んだ次の日の朝にも、5日後にも、この効果は持続したのです！

もちろん、このような脳の変化がどれだけ長持ちするか、この実験だけで判断するのは難しいでしょう。でも、『ピーターパン』の主人公が空を飛び、不思議の国のアリスが穴に落ちたときには、子どもの脳も一緒に飛び、落ちていったはずです。長く記憶に残る素敵な本に出会ったら、子どもの脳はもっと大きな変化を見せるかもしれません。

本を読みながら主人公の立場に感情移入して考え、あらすじに沿って情緒的共感を繰り返すと、子どもの共感能力も発達します。

２０１３年のハーバード教育大学院のデヴィッド・キッド教授と、イタリアのベルガモ大学のエマニュエル・カスターノ教授の共同研究は、文学小説を読んだ人が、非文学の本を読んだ人より心の理論の課題でいい点数を取っていることを発見しました。[11] 実験に参加して文章を読んだだけなのに、短期的な効果があったのです。本当に短い文章を読むだけで効果があるのでしょうか？

3年後、この研究は、このような結果は繰り返さないという指摘を受けました。エール大学心理学科のマリア・パネロ博士と研究チームの研究では、短編小説を読んでも共感能力は上がらず、読者がこれまでどれくらい小説を読んだかが共感能力と関係していると発表しました。[12] 小説を読んだから共感能力が向上したのではなく、共感能力の高い人が小説に引かれる可能性も提起しました。

この後2つの研究チームは、お互いの研究に反駁《はんばく》する論文を掲載して関心を集めました。

ここ最近の研究では、長い間小説を読んできたことの効果を調査しています。

カスターノ教授は2020年、**長い間文学小説を読んでいる人は、人の表情から感情を正確に理解すること**を発見しました。2021年に発表されたウィスコンシン大学の研究でも、小説をたくさん読んだ人は、文章に描写された感情を確実に理解する能力に優れており、全般的に感情認識の能力も高いことを明らかにしました。「一編の小説が共感能力を高める」という研究結果より劇的効果は薄いですが、文学作品に接することは人間の感情を理解する能力につながっているようです。主人公と一緒に泣き笑いする経験は、本を読む面白さであり、本から得られるプレゼントです。

ドイツのベルリン自由大学とマックス・プランク学術振興協会の共同研究チームは、E.T.A.ホフマンの短編小説『砂男』を読んだ人が場面ごとに感じる恐怖心と脳の反応を比べてみました。[13] 前頭葉、側頭葉及び運動前野などが、恐怖心と関連して活性化するのを発見しました。中でも側頭と頭頂の接合部位や内側前頭前皮質の活性化は目を見張るものがあります。ここは共感能力に必要な心の理論や観点の転換において重要な領域なのです。特に側頭と頭頂の接合部位は、他の人の行動や目標を推論するときに関与するので、あらすじの理解に関する研究でよく登場する領域です。

ホラーのゾクゾク感には、主人公が経験する怖い事件や、その後の主人公の行動を予測し推論しながら感情移入する過程が必要だという解釈ができます。認知的共感と情緒的共感を通してホラーを楽しめるようになるのです。

このような過程を通して、読書は考え方自体を変えることになります。本を読むことで間接的に経験する状況は、自分と違う状況にある人、もしくは人ではない存在の立場を理解するために役に立ちます。

2016年、ポーランドの心理学者と生物学者は、あるグループに動物の虐待をモチーフにした小説を読ませ、別のグループには動物と関係のない文章を読ませた後、動物福祉に対する立場を調査しました。[14] すると、動物虐待に関する文章を読んだグループは、動物福祉の問題に関心があり、憂慮していると答えました。研究者たちは、道徳信念や態度は論争を通して変化させにくいが、読者を共感させる小説は簡単に人の態度を変化させると指摘しました。

『ハリーポッター』シリーズを読んだ青少年や大学生も、移民や難民に共感する態度を見せたそうです。[15] 研究者たちは、本で魔法の力を持たない人が差別されるのを読んだ後に、特権のない人が経験することに共感するようになったのだと解釈しました。

態度の変化は共感行動をリードできます。いいメッセージを込めた文章、世間に対して親切で、他の生命を尊重する気持ちのこもった文章を読むことで、私たちの視線は変化します。世の中について知り始めた段階の子どもたちには、ポジティブなメッセージを込めた文章を読むことがとても重要です。**いい本を読んで、他の人の立場を理解する能力が育った子どもは、世の中を愛するようになるはずです。**

読解力を育てる3つのカギ

どんな能力でも、遺伝的要因と環境的要因の相互作用によって育ちます。子どもの文章読解力も同じです。家庭の環境は、子どもが読み書きできるように育つために、とても重要な部分を占めています。環境という言葉には、様々なことが含まれています。家で子どもに提供される文章読解力と関連した資源、親との相互作用、子どもが経験することなど、多様な方式が考えられます。子どもが文字を読み書きすることから、家族が読み書きするのを観察して子どもが影響を受けることまで、すべてが含まれています。本を読むのが好きな子どもに育てるために役立つ環境的要素から点検してみましょうか?

1 手軽に本に出会えるようにしましょう

当然ですが、本を読むためには本が必要です。子どもが小さいほど、家で保有する本、特に親が選んだ本を読む確率が高くなります。6～17歳の学齢期の子どもを対象に調査した結果、本をよく読む子の家は、読まない子の家に比べて2倍近い本がありました。

これは、たくさんの本を買うべきだ、とにかく本が多いほうがいいという意味ではありません。子どもが読めない本をたくさん買う必要はないのです。ただ、子どもが時間に余裕のあるときに本を読ませたいなら、そばに本があるべきだという意味です。そして、**本が何冊あるかではなく、子どもが喜んで読みたい本であること**が重要です。

もしも子どもが読みたいときに読める本がたくさんあるなら、それは特権と言えるかもしれません。しかし、すべての家庭に十分な本があるわけではありません。家に本がないなら、本に接するいちばんいい方法は、定期的に図書館を訪問することです。図書館は多様な本に接し、自分で本を選ぶ機会が与えられる重要な場所です。

多くのアンケートや統計資料で、子どもたちは大きくなるほど読むことに興味を失っていくことが明らかになっています。中高校生は未就学の子ほど本が好きではないのです。主な理由は、大きくなるほど、親が子どもが喜ぶ本を探すことも、子ども自身が読みたい本を見つけることも難しくなるからです。

子どもに読ませたい本、子どもが喜びそうな本が周りにありますか？　積極的に本を探す機会がありますか？　定期的に家の本をチェックして、子どもが関心のある本や、楽しく読める本が用意されているか点検してみましょう。

2 本を読む時間が必要です

本が用意できたら、次に必要なのは本を読む時間です。この本の中でも言っているように、時間とは経験で、経験は発達ですから。

他の活動で一日の日課がいっぱいなら、本を読む時間がないのは当然です。２０２１年の文化体育観光部の国民読書実態調査報告書によると、子どもたちが本を読むことの最も大きな障害物はスマホ、テレビ、インターネット、ゲームだそうです。その後に続くのが学校の勉強です。

子どもの頭脳の発達のために24時間のカウンセリングをしていますが、時間に余裕があっても、動画を見てゲームをするだけで、自発的に本を読む子はだんだん少なくなってきています。子どもたちに共通しているのは、**余裕のないスケジュール**です。

文章を読むこと、あらすじを理解し、自分の状況に代入して考えることは、脳が忙しく働く活動です。忙しく疲れている子どもにとって、それは簡単なことではありません。一日中、家事、育児、会社の仕事などで疲れ、夜遅くに子どもを寝かせて、時間が余ったときのことを考えてみましょう。脳科学の育児書は読めないはずです。ソファーに横になり、見逃していたドラマを見るとか、ベッドで横になったものの、寝るのがもったいなくてスマホをスクロールしているうちに寝てしまってはいませんか？

子どもも同じなのです。頭がすっきりして体が疲れていない時間がないと、本は選択できません。子どもが小さい頃には、少し余裕があったはずです。まだスマホや塾に注ぐ時間は多くないはずですから。

まだ本を読めない子に本を読むためには、子どもの時間より親の時間が重要なのです。本を読むことを最優先にしないと、他のことで忙しいときには忘れてしまいますから。

一日に5冊読むべきだと言う人もいるし、少なくとも30分は読むべきだと言う人もいます。でも、それを毎日続けるのは大変なので、**短くても読書の時間をつくることが重要です。**一日に1冊読んだら、3年で1000冊を超えます。子どもが一日に10分読むだけでも、1年で60時間ですね？　毎日読めればいいですが、週に5回、いえ、3回だけでも読書の経験になります。小さな時間を絞り出して、本を読む時間に使いましょう。

3 親の文章読解力も大事です

とても簡単な原理です。本を読む親は本を読む子どもをつくります。スカラスティック社の学校向けプログラムである「スカラスティックエデュケーション」の最高責任者で元教師のマイケル・ハーゲンは「子どもの周囲にいる大人が本を読むことを大事に考えていると子どもが気づくこと」が立派な環境をつくる重要な要素だと語っています。親が楽しんで本を読んでいれば、子どもにもたくさん本を読んであげて、子どもも楽しんで本を読むようになる確率が高いそうです。

ある研究では、ママがどれだけ本を読んであげるかとともに、ママが子ども向けの本についてどれだけ知っているか、ママの絵本への知識を一緒に調査しました。その結果、**本をよく読んであげるほど子どもの言語能力が高まり、ママが絵本についての知識が多いほど、子どもの共感能力や社会情緒的発達にポジティブな影響を及ぼす**ことを発見しました。本についてよく知っているママは、主人公の性格や登場人物の関係、込められているメッセージなどが素晴らしい本を選び、選んだ本は子どもに情緒的にいい刺激を与え、社会にもいい教えを残すと解釈されます。残念なことに、パパはこの研究に含まれていません。

この研究では、児童文学の専門家10人の本を選ぶ基準と、ママたちの基準を比較しています。専門家と「本をよく知っているママたち」は、子どもの好みや興味を重要な基準にしていました。親が本に対する知識をもとに子どもが興味を持つ本を用意し、自然に読書家になる環境をつくっているということです。

韓国の国民読書実態調査によると、成人の半分以上が1年に1冊も本を読んでいません。子どもは周りの大人、特に自分を愛して面倒を見てくれる大人の姿を見ながら世の中を学びます。親が本を読む姿を見ることから読書教育が始まるのです。

小さな読書家をつくる方法

本を読む子のために必要な読書環境を点検してみました。基本的な要素が備わったら、その次には何が必要でしょうか？　次は個人の領域になります。ママやパパが毎日読んでくれる本でもいいし、図書館や学校の読書プログラムでもいいでしょう。子どもが同じ年頃の子と読んで話すブッククラブもいいですね。子どもによって好きな本も読める本のレベルも違うので、「4歳ならこうして読書するべきだ」と結論づけるのは難しいのです。結論づけるとすれば、子どもが好きな本を楽しく読めればいいという程度です。

でも、理論的な話だけで終わってしまうのはもったいないので、子どもと一緒にチャレンジできる読書法をいくつか挙げてみようと思います。我が家には2人の小さな読書家が住んでいます。ソハは朝、目を覚ますと本を読み、夜、寝る前まで本を放しません。時間と空間を飛び越える冒険のお話や科学情報の本が好きで、マンガの本も喜んで読んでいます。ユハは魔法世界の動物や妖精、おばけや魔女、バンパイアなどが登場するファンタジーが大好きです。大人になったら獣医師さんになりたいので、ネコや子犬が主人公の絵本はもちろん、動物の特性や、動物の世話の仕方を学べる本も大好きです。

我が家の子どもたちが生まれてから今まで、本に親しんで、小さな読書家になるまでの過程を整理してみました。私的で平凡な方法ですが、だからこそ多くの家庭に共通すると思います。子どもとどうやって読書していけばいいのかの参考になれば幸いです。

《小さな読書家をつくる方法》

1. 0歳から読書を始める
2. 本と特別な関係を結ぶ
3. 本と人生をつなげる
4. 子どものスピードに合わせる
5. 思いっきり失敗してＯＫ！

1 0歳から読書を始める

息子のソハには生後2カ月から本を読んであげました。ママになる前には絵本に関心がなかったので、オンライン書店のサイトでベストセラーになっている本を適当に買っていました。初めての本は多田ヒロシの『りんごがドスーン』とペク・ヒナの『天女銭湯』でした。友だちにもらった布絵本もありました。生まれてから1カ月はほとんど寝ているので、一緒に何かをする時間はありませんでしたが、2カ月くらいになると目を開けている時間がだんだん増えていきます。

小さい頃から目を合わせて話しかければいいというのは知っていましたが、寝てばかりいる子どもと何を話せばいいのかわかりませんでした。それで、子どもと一緒に寝そべりながら、買ってあった本を開いてみたのです。『りんごがドスーン』は1ページに1行程度だったので、読むのが不自然な感じでした。1行ずつ読んでも1分で終わってしまうのです。そこで、蝶々が出てきたら「ちょうちょう」を歌い、ワニが出てきたら「Lacoste（ワニの群れ）」を歌いました。「むしゃむしゃ」という文字が出てくる場面では、子どものお腹をくすぐったりしました。

子どもの脳の発達のために必要な刺激を選んで行ったわけではありません。一緒に時間を過ごさなければならないのに、赤ちゃんとは話すことがなかっただけなのです。子どもは最初から最後まで絵とママのショーを見ている日もあるし、1、2枚見てむずかる日もありますが、それなりに楽しかったです。何度か本を繰り返して見ているうちに、本を持ってきてやると手足をバタバタさせて喜ぶようになりました。『天女銭湯』のおばあちゃんの顔を見ると、「アアー、クアー」と声を出したりしました。2冊の本ばかり繰り返して見ていると、私のほうが飽きてしまいました。さらに何冊か注文して、10冊の本をずっと繰り返し見るようにしました。

子どもがハイハイを始めると、「本を読んであげようか?」という言葉を聞き取れるようになりました。本を選んで「これにする?」と聞くと、子どもがにっこり笑ってそばに来るのです。1歳になる前くらいから、自分が好きな本を選んで、読んでほしいと要求するようになりました。床に置いてある本を手のひらで叩き、本棚から本を抜いて床に投げ、

「うーん！　うーん！」とママを呼びます。本を持って近づいて「読んであげようか？」と聞くと、すぐに膝の上に座ります。小さな読書家の誕生です！

2 本と特別な関係を結ぶ

小さな頃から本を読んであげると、言語能力、認知機能の発達に役立ち、学校の成績につながることも事実です。でも、早くしゃべってほしいから、勉強ができるようになるから、本を読むのではありません。子どもと楽しく過ごし、自分の人生を豊かにするために本を読んであげるのです。こうして見ると、子どもが1冊の本を繰り返し読み、親の目から見ると文字の数が少なく、内容が短くて簡単すぎる本を読むことを止める必要はないようですね。

子どもの読書能力は、魂を奪われるような運命の本に出会ったとき、自然に上昇します。

息子のソハには『Dragon Masters（ドラゴンマスターズ）』シリーズや『Who will win?（誰が勝つかな？）』シリーズが、娘のユハには『プリンセス・イン・ブラック』と『マジック・

ツリーハウス』シリーズがその役割をしました。絵本ばかり読んでいた子どもたちが、文字の多い本にチャレンジする契機になりました。

ユハは自分だけの本というのがなかったと思います。お兄ちゃんのために買った本が家にはたくさんありましたから。でも、ある誕生日に『プリンセス・イン・ブラック』シリーズをもらったのです。大事にしすぎて本棚には入れず、自分だけの空間であるおもちゃのキッチンの食器棚に突っ込んで隠していました。しばらくはお兄ちゃんにも見せてあげませんでした。普段読んでいた本より長い文章でしたが、何度も読んでいました。ドレスを着たお姫様からマスクを着けて変身する遊びも無限に繰り返していました。

子どもが人形やおもちゃのロボットが好きなように、本とも特別な関係がつくれるようにしてあげましょう。本が大切な存在になるように、特別な日には本をプレゼントしましょう。誕生日とクリスマスには必ず本を贈り、学校の終業式には子どもの好きな本をプレゼントしましょう。夏休みには時間がたくさんあるので、本をたくさん読めますから。

3 本と人生をつなげる

クリスマスが近づくと、『The Train Rolls On To The North Pole（北極行きの汽車）』や『Santa Mouse（サンタマウス）』などの本を読みます。子どもたちが学校に入るときには『The King of Kindergarten（幼稚園の王様）』を読みながら、慣れない世界に進んでいくことを応援し、お正月には『Yeoni's Family Celebrates Seollal!（ヨニちゃんちのお正月）』を読んで、子どもたちが体験できない韓国のお正月の風習について教えます。韓国式のお辞儀の仕方を教え、お雑煮も一緒に食べながら。韓国にある天然の石炭洞窟に行った後には洞窟の本を読み、ヨセミテ国立公園に旅行したときはアメリカの国立公園に関する本を読みます。

子どもたちが本と暮らしがつながっていると感じたら、自然と本の面白さや効用に気づくと思います。**子どもたちが経験したことは、本を読みながら想像する材料としても使えます。**雪の降らない地域に住む子どもたちに雪だるまや雪が積もった山の本を読んであげても、自分の目で雪を見ることにはかないませんよね？　ぼたん雪が降る様子を見てから本を読めば、頬に届く冷たく軽やかな感触を思い出すでしょう。本と暮らしをつなげることは小さい頃から可能です。子どもに初めてリンゴをむいてあげた日は、リンゴが出てくる絵本を読んであげましょう。ずっと話のタネになるはずです。

4 子どものスピードに合わせる

長く人々に愛される本があります。誰が書いたのかわからない昔話もあるし、世紀を超えて愛される名作もあります。出版されてすぐ世界中の子どもたちが夢中になる本もありますね。このような本は多くの人によって検証済みなので、お子さんも好きになる可能性が高いはずです。でも、個人的な好みというものはどんな場合も存在します。

ソハが小学校2年生の終わり頃、ロアルド・ダールの本をセットで購入しました。同級生たちが面白いと言っていたそうで、私が子どもの頃楽しく読んでいた本も何冊か入っていたので期待していました。でもソハは、古臭く見える字体や絵を見て、気に入らないと言って読みませんでした。

数カ月後、いちばん薄い本を選んで読んであげました。一日に2章ずつ、話をしながら

10分くらいだけ読みました。2日後には面白いと言って、先が気になるのか自分でスラスラ読むようになりました。それでもママと一緒に読もうと言って、最後まで読んであげました。でも、他の本を読もうとはしませんでした。ある日の夜、久しぶりにロアルド・ダールの『魔法のゆび』を読みました。3分の1くらい読むと、自分も読みたいと言うので、1段落ずつかわりばんこに読むことにしました。半分読んで本を伏せると「全部読んじゃってもいい？」と言って、寝るまでに全部読んでしまいました。「ママ！　ロアルド・ダール、面白いね。明日も別の本読む？」と言いながら。次の日はセットの中でいちばん厚い『マチルダは小さな大天才』を読むことにしました。

読書について講義をすると、「文字」の多い本の読み方や、子どもが好まないジャンルの本の読み方について、いつも質問を受けます。そういうときはいつも、**誰にでも好きな本を選ぶ権利がある**こと、そして、**誰もがすべてのジャンルが好きなわけではない**ことをお話ししています。

まず読んでみて、面白い部分を教えて、隣に座って読んであげましょう。興味が出てきたら、次の一歩は自分で踏み出せるはずです。それでもダメだったら、2、3カ月待ってみませんか？　それでもダメなら、その本とは縁がないのかもしれません。それでいいのです。

5 思いっきり失敗してOK！

決められた順番どおりに本を読んであげようとする人がいます。年齢別に必ず読むべき本、この時期に読まなければいけないと言われている本を選ぼうとするのです。フィクションとノンフィクションの適切な割合、脳の発達のための最小限の読書時間、一日に何冊読めば十分か、などの質問をする人もいます。小さい頃から難しい本を読むことを目標にする、○○教室や親が決めた本を読ませて、その本に関する問題を宿題にする、などということをしているケースも多いのです。

このような考えには、脳の発達の「効率」を追求する気持ちがあるようです。失敗せずにぴったりの正解だけを与えて、子どもの脳を早く育てようという気持ちですね。残念ながら脳はそんなに発達しません。詩を読む子と、恐竜が出てくる科学の本を読む子の脳の発達は違うし、それぞれの脳が次の本を楽しめるように引っ張ってくれるのです。

ユハは最近、図書館で自分で本を探す方法を学んでいます。ある日、図書館で「魔法の動物」の本を探すのだと言って、20分近くあれこれ検索ウィンドウに入力していましたが、帰る時間が近づいて、結局あきらめました。本を見る時間もないので、適当に目の前にある本から何冊か選んで借りてきました。その本の中に面白い本を見つけることもあるし、読んで面白くなくても、それは自分の好みを再発見することになります。30分くらい面白い本を読むのもいいですが、自分が好きな本を見つけられない苦しみに耐えるのも、脳の発達の養分になります。静かに3冊読んでもいいし、兄弟仲よく面白い場面でケラケラ笑いながら半分くらい読むのもいいでしょう。座って読んでもいいし、横になってゴロゴロしながら読んでもいいですね。

子どもは自由なときに本を楽しめるのです。余裕を持って、失敗を楽しみましょう。

優しい脳科学相談室

Q 子どもがまだ小さくて本を全部読めないのですが大丈夫ですか？

A はい、大丈夫です。子どもは本というもの自体を学んでいる最中です。

子どもにとっては本をめくること自体が面白いかもしれないし、特定のページだけを見ようとするかもしれません。本を味わうところから始めるかもしれませんね。

表紙のタイトルから始めて、最後のページまで読んでから本を閉じることを理解するまでには、ある程度時間がかかるため、最後まで本を読んであげたければ、子どもの興味が持続する短い本から始めましょう。書かれている文字をすべて読もうとせず、子どもの視線の先にある絵についてお話ししてあげればいいと思います。歌にできる本や、擬声語、擬態語で表現されている本なら、子どもが関心を持つかもしれません。

Q

文章を読むと創造力が落ちませんか？

A

読み書きは「子どもの思考を拡大するために有用なツール」です。

「文章を読むことが子どもの創造力や他の能力を制限することになりませんか？」という質問をよく受けます。文章を早い時期から読むと、絵本の絵は見ずに、文字だけ読んでいるようだと心配になるのです。このような心配がどこから出てくるのか、わかるような気がします。もし4歳の子どもに「あいうえお」を教えるために無理やり座らせてドリルをやらせたら、その子の楽しみを奪い逆効果になるかもしれません。読むことを学ぶ準備ができていない子に無理やり読ませれば同じことになりますね。だからといって、文字を読むことをわざわざ先延ばしにしろという意味ではありません。私は、読む能力の発達が他の能力を低下させるという主張に、あまり同意していないのです。

マックス・プランク学術振興協会のファルク・ヒュッティヒ博士の2019年の研究は、読む能力を学ぶことが、脳の視覚野の機能がうまく活用できるように助けていることを示唆しました。[16]脳は顔、家、道具など、視覚刺激の主要カテゴリーを別々の領域で担当するように分けています。文章を読んだからといって、これらの情報を処理する領域が減ったり、邪魔されたりすることはないそうです。むしろ読むことは情報処理能力を向上させ、多様な情報に視覚、言葉、形態の領域が参与して、全般的な視覚システムにポジティブな効果を与えるそうです。スタンフォード大学のブライアン・ワンデル教授の研究でも、子どもの読む能力が高まるほど、左脳白質の連結性の発達にポジティブな効果が見られると言っています。[17]

文章を読むことは複雑な脳の活動なので、読む能力が優れているということは、脳が信号をうまくやり取りしていることを意味します。文字は情報を効率的に伝達する手段です。子どもが読むことに関心を見せたら、受け入れられるだけ読ませればいいのです。小さい頃から読み始めると、もっと大きくなってから始めた子より少しスピードが遅くなるかもしれません。この点を勘案しながら、子どもの興味があるものから始めましょう。読み書きが子どもの他の能力を邪魔するのではないかと心配するのではなく、子どもが新たな世界を探し、思考を拡大するために有用なツールとして使えばいいのです。

頭脳すくすくチェックポイント

人類はずっと昔からお話を聞きながら育ってきました。お話を聞かせて、子どもの目には見えない世界を経験させてあげましょう。子どもの頃に親が本を読んであげることは、その後の学習能力の基盤をつくるだけでなく、他の人を理解し、よりいい選択をする力を育てます。

1 子どもが望むときにいつでも本に接することができますか？　そうでなければ、どこで本が手に入るか考えてみましょう。

2
子どもに毎日本を読んであげていますか？

3
子どもは自分が好きな本を選んでいますか？

4
子どもは図書館や書店などをよく訪れて、新しい本に接していますか？

サイクル 6

デジタルメディア

メディア習慣、最初から賢く健康に

子どもたちはデジタルメディアと離れて暮らすことはできません。
デジタルメディアは暮らしを楽にしてくれますが、
子どもが自分自身で調節しながら使うには、少し魅力的すぎます。
デジタルメディアが脳に及ぼす影響と適切な使用基準、
そして、子どもには必ず必要なメディアコントロール習慣で、
未来の人材の脳を育てましょう。

デジタル時代の子育て

現在、小さな子どもを育てている親は、デジタルネイティブと呼ばれる最初の世代です。1980年代以前に生まれた世代とは違い、小さな頃からインターネットを使用し、スマホと一緒に若い時代を過ごしたので、デジタルメディアになじんでいます。スマホは育児のパートナーになっていることでしょう。

スマホと一緒に暮らすことで、私たちは新聞やテレビのニュースを見る必要がなくなりました。「今日の天気はどう？」と聞けば、スマートスピーカーが答えてくれるからです。カセットテープから好きな歌が流れてくるのを待つドキドキ感は、「ヘイ、シリ、『赤ちゃんサメ（韓国の子どもソング）』聴かせて！」と叫ぶことに変わりました。この本が出た2023年はチャットGPTの話題で世間は大騒ぎでした。**もう子育てにはデジタル時代の脳に対する理解が必要なのです。**

コロナウイルスの大流行を経て、メディアのあり方は急激に変化しました。子どもたちの学校も、大人の職場も、すべてオンラインが当たり前の世界になりました。

２０２０年3月、私が住んでいるカリフォルニアでも、初めて外出禁止命令が出ました。当時、幼稚園に通っていたソハは通園できなくなり、各家庭にタブレットが配給されました。教育庁は通信会社と協力して、インターネットがつながらない家庭も授業に参加できるように支援しました。オンライン授業が始まり、最初は毎朝、先生とズームで朝のホームルームをして、子どもたちには宿題が出されました。本を読んでくれるコンテンツがあるユーチューブのリンクを教えてもらい、子どもが書いた課題や質問の紙を、親が写真に撮って先生に送るようにしていました。オンライン授業というよりは、家で誰かが先生の代わりに子どもの面倒を見ているような感じですね。

外出禁止命令が長引くほど、オンライン授業も進化しました。先生はカメラを何台も使って自分の顔と本を同時に画面に出し、子どもと本を読む時間を準備してくれて、小グループに分かれてバーチャルミーティングをしながら、レベル別に数学と読解の授業を進めました。子どもたちはだんだん新しい形の授業に慣れて、最後には先生がいなくても小グループ討論ができるようになりました。

このような話を聞くと、子どもたちの能力に驚きを禁じ得ません。小学生の頃、美術の時間に宿題で出た「未来の姿」が現実になったのです。

一度始まったオンラインの世界は、以前の状態に戻りそうにありません。私自身も、カウンセリングプログラムはインスタグラムで運営して常に新しい出会いがあり、脳科学のコンテンツを出会った人々に伝えています。講義もカウンセリングもすべてオンラインです。私はアメリカにいますが、韓国や他の国にいる人ともいつでもつながって話ができます。「そっちは今何時？」で会話が始まることにも慣れました。だからノートパソコンやスマホと離れて暮らすことができないのです。

子どもたちもオンライン授業や、友だちとオンラインでゲームをすることに慣れてしまいました。脳の発達は環境との相互作用で成り立つので、デジタルメディアは子どもたちの行動や発達に大きな影響を及ぼすことになるでしょう。それは親にとっても大きな関心事であると同時に悩みの種になることでもあります。

デジタルメディアと子どもの脳の発達はどんな関係にあるのでしょうか？

スマホ、いつから見せるべき?

まずは子どもがどのくらいデジタルメディアに接しているのか考えるところから始めてみようと思います。アメリカの場合、2歳未満の子どもは平均して一日1時間程度デジタルメディアを利用し、2〜8歳の子どもは一日2時間程度利用しているそうです。ドイツでも生後12カ月以前にデジタルメディアに接する子どもは45パーセントで、ほぼ半数近くだと報告されています。

韓国も同様です。亜州《アジュ》大学病院の報告によると、2歳未満からデジタルメディアに接しているケースは半数を超えているそうです。2〜5歳の子は、ほとんど毎日デジタルメディアで遊び、半数以上が一日1時間以上デジタルメディアを利用しているといいます。2019年に発表された「韓国の幼児のメディア利用の実態と行動に関する研究」では、5、6歳の幼稚園児のメディア利用の平均時間は3時間53分、周囲の人物の利用によるデ

乳幼児のためのデジタルメディア利用ガイドライン
（アメリカ小児科学会発表）

- 18カ月未満の子どもには、テレビ電話以外のデジタルメディアへの接触は制限します。
- 18カ月から24カ月の子どもの親が子どもにデジタルメディアを見せたい場合は、良質なコンテンツを選別し、子どもと一緒に見ながら、理解できるように助けます。
- 2歳から5歳の子どもには一日1時間未満、良質なコンテンツを見せます。やはり親が子どもと一緒に見ながら内容を理解し、実際の生活につなげて考えられるように助けます。
- 6歳以上の子どもは利用時間とデジタルメディアの種類など、一貫した利用の規則を決めます。

ジタルメディアへの接触時間は5時間55分と報告されました。

寝る時間と幼稚園のような場所で過ごす時間を除けば、**一日の半分以上をデジタルメディアとともに過ごしている**ことになります。子どもたちのデジタルメディアの利用時間は毎年増えていて、初めてデジタルメディアに触れる年齢も、どんどん幼くなっています。子どもたちの適切なデジタルメディアの利用基準はどの程度か知っていますか？

メディア利用ガイドライン

乳幼児のためのデジタルメディア利用には、明確な推奨時間があります。いくつかの機関で発表しているガイドラインは、ほとんど類似した内容になっています。広く使われているアメリカ小児科学会のガイドラインは298ページのとおりです。

参考までに世界保健機関のガイドラインを挙げておくと、2歳未満の子どもにデジタルメディアの利用は推奨せず、2歳から5歳未満の子どもには、デジタルメディアの利用は一日1時間以内を推奨しています。数年前までは、アメリカ小児科学会のガイドラインも世界保健機関と同様に、24カ月未満の子どもはデジタルメディアを利用しないことを推奨していました。でも、時代の流れを反映したのか、18カ月以上の子どもに対するガイドラインに修正しました。

うちの子どもたちの主治医である小児科の先生は、従前のガイドラインに従うことを推奨しています。私も利用時間について質問を受けたら、**2歳以下の子どもにはできるだけデジタルメディアは見せない**ように勧めています。

ただし、必要なときには例外的に使用しても大丈夫だそうです。たとえば、飛行機の離着陸時に席に座っていなければならないときや歯医者の治療をしている間じっと座っていなければならないときなどです。私も歯医者の治療や髪を切るときには子どもに動画を見せています。子どもが動いて耳を切るのは避けたいですから。

半数以上の子どもが1歳、あるいは0歳からデジタルメディアを見ているといいますから、このガイドラインは時代遅れだと思っている人もいるでしょう。子どものためにつくられた教育的なコンテンツもたくさんあるのに、なぜ制限しなければならないのか訝しいかもしれません。

年齢別のデジタルメディアの利用推奨時間は、子どもの脳の発達の特性と関連しています。**世の中はデジタル化していますが、脳が発達する過程は以前の世代と変わっていない**のです。これまでの研究資料から、デジタルメディアの多用は子どもの発達のためにならないと言うことができます。もちろん、これから子どもの脳の発達過程を理解してつくられたコンテンツやデジタルメディアができればガイドラインも変わるでしょうが、今のところはそうなのです。

親子の会話の機会が減る

年齢別の脳の発達の特徴とともにメディア利用のガイドラインを理解すれば、実践でも役に立ちます。専門家のガイドラインは、2歳未満の子どもはデジタルメディアを利用するなと言っているのと変わりありません。この時期にデジタルメディアに触れるのは、子どもの脳の発達にネガティブな影響が大きいという研究結果が大部分だからです。いちばん多く言及されているのは言語の発達です。

デジタルメディアに触れる時間が増えるほど、子どもの言語の発達が遅延するという研究は多く見つけられます。スウェーデンのリンショーピン大学の研究では、2歳を過ぎた子どものいる家庭を対象に、家の中の日常的な会話を録音するよう依頼しました。[1] 子どもと大人のすべての言葉が録音されました。そして、実際の会話を分析して、家庭内のデジタルメディアの利用と子どもの言語の発達の関係を調べたのです。子どものデジタルメディアの利用時間が増えると、言語能力はその分劣っていました。文法と語彙力の発達、日常生活での言語能力にネガティブな影響を及ぼしていることが明らかになったのです。

この研究は他の研究と似たような結果を見せていますが、2つの特徴があります。

1つは、**この研究に参加した子どもが、それほど長時間デジタルメディアを利用したわけではない**という点です。半数以上の子どもが1時間未満の利用でした。それにもかかわらず、デジタルメディアは子どもの言語の発達にネガティブな影響を及ぼしていました。

もう1つは、子どものデジタルメディアの利用だけでなく、親の利用も一緒に分析したという点です。**子どもと一緒に生活する間、親がデジタルメディアを多く利用すれば、やはり言語の発達にネガティブな影響がありました。**これは何を意味するのでしょうか？

発達する機会が失われる

デジタルメディアの利用により子どもたちが失ったのは**経験の機会**なのです。この時期の子どもは、周囲の環境との相互作用で言語の根本が芽生えます。子どもが動画を見ている間にも歌やセリフが絶えず流れますが、これは子どもと「やり取り」する相互作用ではありません。デジタルメディア利用のガイドラインが利用時間を基準にしている理由がここにあります。乳幼児期の「時間」は発達のための経験の機会を意味するからです。

子どもが一人でテレビの前に座ることで、親と一緒に遊び、向かい合って目を合わせ、会話する機会をなくしているということです。子どもではなく、親がデジタルメディアを利用するのも同じ結果を招きます。親が子どもを見ずに画面を眺めている間、子どもは親との相互作用の機会をなくしています。親と会話する機会はこの時期の言語の発達に必要な経験なのです。

他の研究では、子どもと直接話すのではない言語刺激（親が他の人と電話している声、テレビの声など）は言語の発達には役に立たないことが発見されています。18カ月から24カ月の子どもがデジタルメディアを利用する場合、親が隣で一緒に相互作用することを推奨しているのはそのためです。デジタルメディアを選ぶとき、子どもが一人でするゲームや動画ではなく、電子書籍やオンラインアルバムなどを見ながら親が読んで説明すれば、足りない相互作用が補充されます。

動画を見るにしても、子どもが一人でじっと座っているのではなく、本を読んであげるときのように、親が隣で内容が理解できるように説明し、動画の中の事件について子どもと一緒に相づちを打ちながら見るのであれば、相互作用の不足から来るネガティブな影響を減らせると予測できます。

実際の研究でも、子どもがデジタルメディアを利用するとき、親が一緒に座って話をしながら見れば、子どもの言語の発達にネガティブな影響は出ていないそうです。


2歳未満の子どもを育てているご両親にはこう伝えたいのです。

まず、できればデジタルメディアの利用は、子どもがもっと大きくなってからにしてください。特に18カ月未満の場合はなおさらです。

次に、子どもの面倒を見ながら、親が無意識にスマホを見るのはやめましょう。必要ではないのに習慣でスマホを見れば、子どもとの相互作用が途中で途切れてしまいます。スマホを見ていて子どもに反応しないことは、子どもに動画を見せるのと同じようにネガティブな影響を及ぼすことを覚えておきましょう。

そして、18カ月以上になって、デジタルメディアなしでは子どもがおとなしくならなくて親がつらいなら、利用を意識的に管理しましょう。つらいときに少しずつ見せるのではなく、計画した時間に子どもと一緒に座って動画を見るようにします。デジタルメディアに振り回されず、親がコントロールするのが大事です。

教育的効果をうたうプログラムでも、この時期にはまだ早いです。プログラムに効果がないのではなく、デジタルメディア以外で多くのことを学ぶ時期だということです。子どもがスマホを見るようになれば、前述した外遊び、自由な遊び、読書などの時間が減ってしまいます。経験の機会の費用対効果を考えましょう。

私も上の子が1歳のとき下の子を妊娠して、一日中休まず走り回る子どもを追いかける特訓のような日々を過ごしたので、親がデジタルメディアに頼る心情は十分理解できます。正直に言えば、子どもが2歳になる少し前から、時々童謡の動画を20分くらいずつ見せていました。子どもが鼻歌を歌いながら画面を見ている時間があったから、夕食の支度をして、ごはんを食べさせてお風呂に入れて寝かせる過程に耐えられたのです。だから、とてもつらい日には、おやつが済んだらちょっと動画を流して子どもをソファーに座らせ、私はソファーにもたれて一緒に動画を見ました。ママも声の限りに歌を歌いながら見ていたわけではありません。歌のタイトルを読んであげて、子どもが特に好きな歌が流れると、一緒に調子を合わせてあげる程度です。もちろん、そうしているうちにうっかり眠ってしまうこともありましたよ。

この年頃の子どもたちは一人で遊ぶ時間が短く、大人が目を離すと危険な場合もあるので、デジタルメディアの力を借りておとなしくさせたいこともあるでしょう。ただ**「おとなしくしていない」ことが、この時期の子どもたちにとって必要なのだ**と覚えておくのが重要です。這い回るから歩き回る力がつき、歩き回りながら問題にぶつかって世の中の道理を理解するのです。ママの目を盗んで引き出しから物を取り出し、ローションの蓋も開けて全身に塗りまくって。全身に塗ったローションを指さしてそんなことをしてはいけないと教え、でも、この状況がかわいくてケラケラ笑ってしまい、どうせ塗ったのだからと、ふざけてさらにゴシゴシこすってやる親との相互作用が、子どもの脳を育てるのです。

デジタルメディアとどう付き合うか？

さあ、もうデジタルメディアを利用してもいい！　という年齢について話してみましょうか？　統計上、半数程度の子どもが2歳未満からデジタルメディアを利用していますが、これは残りの半数の子どもは2歳以降に利用を始めるという意味でもあります。親も「もう見せてもいいだろう」という気持ちでアプローチし、子どもも徐々に自己主張が始まって、見たい動画を要求するようになります。最近は外国語の勉強の手段としてデジタルメディアを積極的に活用する風潮があります。

デジタルメディアに触れるのは、もうある程度避けられないのかもしれません。ソハが通っていた幼稚園（公教育以前のプレスクール）でも、音楽の時間に多様な楽器を演奏する姿をデジタルメディアで見せて、楽器ごとに違う特徴を比較していました。ユハが5歳のときには、幼稚園の科学の時間にいろいろな虫の卵の形と色の違いを動画で見たと、家に帰ってきてからぺちゃくちゃしゃべっていました。本格的にデジタルメディアの利用についてきちんと知り、いい習慣をつくっていくときが来たようです。

私は2歳を過ぎてからも、前に提示した**デジタルメディア利用のガイドラインから逸脱しない**ことをおすすめします。

2歳から5歳の子どものガイドラインは、2つの条件に要約できます。まず、一日1時間未満という**「時間」の制限**、次に、年齢に合う質の高いコンテンツの視聴という**「内容」の制限**です。6歳以降には正確に時間を制限してはいませんが、デジタルメディアの利用時間に制限があるという点は同じです。

利用時間はとても重要な基準です。デジタルメディアを長く利用するほど、子どもの脳に直接的な影響があります。一人でじっと寝ているのが難しい年齢の子どもは、脳の画像撮影の研究をするには障害が多いので、脳の発達の研究はまだ多くありません。幼稚園に通うくらいの子どもから少しずつ脳の画像研究ができて、徐々に研究結果が増えています。

これまでの研究結果が示す方向は、**デジタルメディアは「見すぎるとよくない」**ということだと思います。

この分野では、シンシナティ小児病院のハットン博士（サイクル5の「読書」で脳の研究を紹介したハットン博士です）と、その研究チームが活発な研究をしています。中でも注目するべきなのは、3〜5歳の未就学児のデジタルメディアの利用時間と脳の発達のレベルを比較した2020年の研究です。[2] この研究では、子どもたちの一日のメディア使用と認知機能の発達を測定し、DTI撮影によって神経細胞間の連結レベルを調べました。デジタルメディアの利用が脳に及ぼす直接的な影響を調べたのです。

すると、子どもたちがデジタルメディアを見るほど語彙、音素処理、初期の文章読解力などの能力が低下していることがわかりました。子どもの脳の構造も、こうした点を反映します。デジタルメディアを一日平均2時間利用する子どもの脳は、白質の発達が低下し、構造の混乱が起きることがわかりました。特に言語、視覚情報の処理、実行機能などを担当する脳の領域で、ニューロン間の連結レベルが落ちることを発見しました。この傾向は特に左脳で目立ちます。

左脳が言語機能において重要だということと、デジタルメディアを多く利用する子どもの言語能力が低下していることのつじつまが合うことが確認できる結果です。この結果は、**子どもの頃のデジタルメディアの利用が、読むことを担当する脳の回路構造の発達によくない影響を及ぼす**ことを示唆しています。

この研究結果を、サイクル5「読書」で取り上げた2019年のハットン博士の、読書環境と脳の発達の研究と比べてみると面白いです。研究に参加した子どもたちは、まだ自分で文章は読めませんが、本に接しているか、大人がよく本を読んでくれるかなどの家庭内の環境は、認知機能や言語の発達、初期の文章読解力の発達にポジティブな影響を及ぼし、左脳の白質の統合性を高めることがわかりました。そして白質の発達が子どもの言語や文章読解力の発達とも関係があることを発見したのです。デジタルメディア利用の研究とは正反対の結果ですね。

2つの研究結果は、子どもたちに何が必要なのかをはっきりと語っています。脳の発達において神経細胞間の連結性が重要だということは、いくら強調しても足りないくらいです。なぜならしっかり連結し合った意思疎通のシステムを備える過程だからです。意思疎通のシステムが備わると脳の領域はそれぞれの機能を発揮できるようになり、情報処理のスピードもアップします。

サイクル5の「読書」で紹介したように、小さい頃に親にたくさん本を読んでもらった子どもは、読む回路が発達して文章読解力の基盤になります。一方、デジタルメディアを多く利用した子どもは、この回路の発達が遅れて言語の発達が遅くなるので、その後の読むことや、読むことを基盤にした学習能力が遅れることが予想されます。

まだ確実に明らかにされてはいませんが、デジタルメディアの利用と読む能力との関係は、2つに分けて考えることができます。1つは、**デジタルメディアの利用が脳に及ぼす影響**です。もう1つは、デジタルメディアを**長く利用することで、読むことに関連した他の活動が減ること**です。おそらく、この2つが両方とも影響していると思われます。

ハットン博士の別の研究で、1つ目のメカニズムを確認できます。未就学児が話を聞くとき、絵が描かれた本を見るとき、そして、動きが加わったアニメを見るとき、脳のどの回路が活動に参加しているのかを調べたのです。[3] 子どもが話を聞くときを基準にして比べてみると、絵本を見るのは視覚情報の処理と視覚的想像の神経回路が参加しており、相対的に言語回路の使用は減りました。絵本の情報を理解し、頭の中でイメージを膨らませることで、言語的理解を補填していると言えます。子どもは話を理解するために、多様な脳の領域を使います。一方で、動画を見るときは、視覚情報を処理する神経回路と他の神経回路との間の意思疎通がすべて減りました。動いて、画面が変わるなどの**複雑で速い視覚刺激を処理することに集中すると、他の神経回路の参加が減る**のです。

子どもたちがいちばん利用するコンテンツは動画だといいます。韓国の乳児政策研究所の発表によると、子どもが利用するコンテンツの90パーセントが動画プラットフォームか教育アプリケーションだそうです。動画を視聴している間は脳が視覚情報の処理だけに集中するので、デジタルメディアの利用ではない活動で神経回路がしっかり連結される機会が不足します。子どもの一日は限られているので、デジタルメディアの利用時間が長くなると、「読む」時間は自然に減ることになります。デジタルメディアの前で過ごす時間が長引くほど、読む以外の活動、たとえば、外を走り回ったり、友だちとおもちゃで遊んだりする時間も減ります。それぞれの活動は、別の領域の脳の発達と関係があります。だから「時間」の基準に従うことが重要なのです。

コンテンツをどう選ぶか？

利用時間をどれだけ制限するか理解できたら、ここからはデジタルメディアをどう利用すればいいのかを考えてみましょう。子どもが何を見るかは親が一緒に決めてください。デジタルメディア利用のガイドラインでも、教育的な内容または質の高いコンテンツを見るように推奨していますね。子どもがデジタルメディアを利用し始めたら、何が教育的で質の高いコンテンツなのか、判断するのは親の役目です。家庭では親、幼稚園や学校では先生の役目になるでしょう。ここからコンテンツをどう選ぶべきかお話しします。

親が関わることで、子どももいいコンテンツの選び方を身につけることができます。利用可能な年齢を確認するのが第一歩ですね。でも、「全年齢対象」に分類されていても、4歳の子どもに適合するものと7歳の子どもに適合するものは違います。子どもが初めて

コンテンツを選ぶ5つの基準

場面と色	子どもが小さいほど、画面の転換速度が速く色彩や効果が派手なものは選ばないようにします。視覚の刺激が強烈だと、脳の領域が疎通する余地が少なくなります。子どもが特に光に敏感な場合、残像が残り続け、夜に悪い夢を見ることがあります。
メッセージ	動画コンテンツのメッセージがポジティブか確認しましょう。主人公の成長、危機の克服、登場人物の葛藤の解決などを通し、子どもが自分に対しポジティブに考えられるように助ける動画なのか考えてみましょう。
暴力性	暴力的で怖い場面がある動画は、子どもがもう少し大きくなってから見せましょう。審査基準が反映されやすい部分なので、視聴可能年齢を守れば、ある程度解決するはずです。恐怖に対する基準は子どもごとに違うので、流行っているものでも、友だちが見ていると言っても、子どもが怖がったら先に延ばしてもいいのです。
ユーモア	健康な笑いのある動画を選びましょう。弱者を排斥してからかうことを面白がるような動画は避け、社会全般の雰囲気に高い価値を置く動画であればいいでしょう。
多様性	登場する主人公の性別や人種に注目しましょう。私は特に女性キャラクターの役割を注視します。男性が大部分の問題を解決し女性は補助的な役割をする、男性がいつも女性を救出するなどの構成は好きではありません。人種の描写も同じです。

見る動画のシリーズなら、少なくとも数本は親が先に、あるいは一緒に見て、子どもに合っているか判断してください。子どものためにつくった、教育に役立つ、とうたっていても、言葉のとおりという保証はありません。

私が子どもたちのコンテンツを選ぶ基準は次のとおりです。

親がどんなに関心を持って見守っても、子どもが見る動画をすべて確認するのは難しいですよね。もし、動画を見てから選定し、一緒に視聴するのが難しければ、**子どものための動画レビューを見る**のがおすすめです。アメリカの非営利法人、コモンセンスが運営するコモンセンスメディアは、教育的内容、ポジティブなメッセージ、暴力性などの主要項目別にコンテンツを審査し、評価を提供しています（www.commonsensemedia.org）。動画だけでなく、子ども用教育アプリケーション、書籍のレビューも閲覧できます。

また、親のレビューで他の家庭ではその動画をどう考えているのか確認できて、とても役に立ちます。英語とスペイン語のみの提供なのは残念ですが、項目別の星の数をチェックするだけでも役に立つはずです。

動画だけでなくゲームも利用可能年齢に注意するべきです。一人称視点で射撃をするゲームは、成人の脳にもよくない影響を及ぼすという報告があります。単純なマップを覚えて銃を撃つゲームは、空間知覚と記憶を担当する海馬の活動を減らすのです。このようなゲームは通常、未成年者は遊ばないように明示されていますが、たいていは守られていませんね。ゲームと空間知覚の研究を行ったモントリオール大学のグレゴリー・ウエスト博士は、ゲームが子どもの脳と学習能力の発達過程にどう影響するのかわからないので、注意するよう警告しています。

2009年に発表された、暴力的ゲームが脳に及ぼす影響の研究は、もう1つのメッセージを伝えています。[4] 似た種類のゲームでも、暴力性の高いゲームをした青少年の脳は、脳の情緒的覚醒を担当する扁桃体で高い活性化を見せ、コントロール機能を担当する前頭前野は低い活性化を見せました。

この研究結果には、2つの注目するべき点があります。

1つは暴力性のないゲームをするときと比べて、他の脳の領域に活性化があるという点です。単純にゲームが面白く、楽しくて覚醒したわけではないということです。

もう1つは、**この傾向がゲームが終わった後にも持続した**という点です。ゲームが終わってから、集中力を必要とする認知課題を解くように要求すると、暴力的ゲームをした子どもたちは、情緒的覚醒効果から抜け出せませんでした。この研究で情緒的に覚醒されたということは、未知の危険に備えて闘争・逃走反応が起こるように、交感神経系の興奮（心拍数増加、血圧上昇、消化抑制など）で、体に準備させることを意味します。興奮と緊張状態から抜け出せない子どもたちは、認知課題に集中できないのです。

研究者のヴィンセント・マシューズ博士は、インタビューで、親は子どもが暴力的なゲームをすることに注意するよう促しました。実験では30分という短い時間しかゲームをしていませんが、この状況が繰り返されれば、脳にも長期的な影響を及ぼすからです。

もちろん、ゲームがすべて悪いわけではありません。ビデオゲームをした青少年は、視覚情報を処理する脳の領域が成熟するという研究結果もあります。最近多く開発されている教育用アプリケーションの効果を見ると、子どもがゲームをするように楽しく学ぶことに役立っているようです。成人対象の研究でも、集中、コントロール、記憶力などを使用するゲームをすることが、脳の全般的な調節能力を向上させ、薬物依存の治療に役立ったという報告もあります。ですからなおさら、どんなコンテンツを利用するか賢明に選ぶことが重要なのです。

親子でコンテンツを選ぶ

最後にお願いしたいことがあります。どんなコンテンツを消費するかは、子どもの脳だけでなく、コンテンツの未来をつくることとつながっています。今日見た動画で居心地の悪い場面、怖い場面があったら、その部分について会話をし、もうそのコンテンツを利用しないことにして、理由を説明してください。子どもたちは一部納得できないところがあっても、面白ければずっと見たいと思うかもしれません。テレビ放送や映画は審査を経て基準がつくられていますが、動画プラットフォームの動画は審査を経るのは難しいのです。

放送法で制限されている内容も、動画プラットフォームでは制作や放送が可能です。代表的な例は子どもを主役にした広告です。テレビ放送では、子どもが対象の番組で、主役の子が番組内で製品を宣伝し、間接広告をすることを規制しています。でも、動画プラットフォームでは簡単に見つけられます。子どもが広告を実際の番組と区別するのは難しいです。

2021年、ユーチューブキッズでは、子どもに広告効果を与える商業的動画を規制すると発表したので、これから変化があることに期待しましょう。その他にも、ゲームをして、子どもが罰ゲームで辛いものを食べる、目玉の形をしたお菓子をこっそり器に入れて子どもを驚かせるなどの内容は、テレビ放送では適合しないという判定を受ける可能性が高いです。こうした審査基準ができた理由や論理を一度しっかり考えることは意味があると思います。

コンテンツを「消費」することはそのコンテンツを応援する行動で、利得を与える行動です。結果的に似たようなコンテンツがたくさん出てくるでしょう。子どもにいい影響を与えるコンテンツ、制作に参加する子どもを保護するコンテンツを消費することが、子どもが良質なコンテンツを見ることにつながります。子どもと何を見るかで言い合いになったら、ちょっと面倒に思うときも、ここまでしなきゃならないのかと思うときもあるでしょう。自分の子どもだけでなく、すべての子どもの世界を決めることだと考えれば、今日の言い合いに大きな価値があると感じられるのではないでしょうか？

賢いメディア習慣をつくる3つの知恵

デジタルメディアの利用時間と内容を決めたら、利用の習慣をつくりましょう。子どもにとってデジタルメディアはとても面白いものです。歌も歌うし、お話も聞かせてくれて、マンガも見せてくれます。自分の写真や動画も撮ることができるし、わからないことを聞けばすぐに答えを出してくれます。使い続けたいのは当然です。甘いおやつをたくさん食べたい気持ちやドリルの宿題より変身ロボットが好きな気持ち、動画を1本だけ見ようと決めても2本見たくなる気持ちは、間違ったものではありません。当然なのです。子どもはこの面白さをあきらめられません。メディアを賢く使うには、親の積極的な助けが必要です。

子どものデジタルメディアの利用は親の責任です。スマホを買い与えたのも親で、ワイファイのパスワードを入力してやるのも親です。食事の時間にスマホを見ながらごはんを食べ、ゲームをしていて他のことが手に付かないなら、それは親が管理するべきことなのです。子どもが初めてデジタルメディアにつながる道は「親」である場合が多いです。その中でもママの指導がいちばん影響があることが知られています。これは理論というより現実だと思います。パパが育児に積極的に参加する家庭なら、パパの指導も影響が大きいでしょう。

デジタルメディアに関する多くの悩みは、何時間見るのか、どんなコンテンツを選ぶのかではなく、「子どもとの言い合い」から始まる場合が多いのです。アニメ映画を1本だけ見てテレビを消すことにしたのに、もう1本だけ見ると言い張る子、ママ、パパが忙しいと、常にタブレットを要求する子、家ではある程度コントロールされていても、おばあちゃんの家に行くと武装解除されて、一日中スマホゲームをしている子など、親はデジタルメディアをコントロールする状況で、常に困難を感じています。

多くの親はデジタルメディアに対しアンビバレンスな感情を持っています。子どもにはデジタル時代に後れを取らず、新技術や新しいものを受け入れてほしいと思う気持ち、そして、デジタルメディアを利用することで受けるネガティブな影響を防ぎたい気持ちがあるはずです。親の気持ちが混乱していると、行動も混乱します。デジタルメディアを積極的に勧めたと思ったら、使いすぎだと叱る。すると子どももどんな行動を取っていいか判断できず、いい習慣を育てることも難しくなります。親がまず勉強し、悩み、立場をしっかり決めてから子どもにデジタルメディアを利用させるといいでしょう。

健康的なデジタルメディアの利用習慣のつくり方を3つにまとめてみました。

《健康なデジタルメディアの利用習慣》

1. 始めと終わりをはっきり決める
2. デジタルメディアで新しいことを学ぶ
3. 自己コントロール能力を育てる

1 始めと終わりをはっきり決める

まず、「いつ」デジタルメディアを利用するのか、**時間のルールを決めましょう。**子どもも親も、いつからいつまでデジタルメディアを利用できるのかはっきり知って、守るようにします。利用時間が決まっていれば、子どもも親も始めと終わりが予測できるので守りやすいし、どれくらい利用しているのか見当がつきやすいです。

子どもが小さいと正確な時間を知るのは難しいので、**生活リズムの中で覚えられる**ようにしましょう。「午後2時」よりは「お昼を食べ終わって食卓を片付けたら」のほうが覚えやすいです。時間を決めておくと、子どもは首を長くしてその時間を待ち、「今見てもいい?」と繰り返すかもしれません。でも、決められた答えがあるほうが、子どもは受け入れやすいはずです。「さっきも見たでしょ。一日中見ちゃダメ!」と子どもとケンカをするのではなく、「お昼を食べたら見ていいよ!」とか、「明日になったらまた見よう」と、子どもに見ていい時間を教えてあげましょう。

始めより難しいのが「終わり」です。子どもは「20分」よりアニメ映画「1本」のほうが覚えやすいのです。終わりの時点をはっきり教えましょう。次のおすすめ動画が自動的に再生される機能は切っておいたほうがいいですね。

デジタルメディアの利用を「時間」で決めるなら、子どもに合った種類の「タイマー」を設定しましょう。2歳、3歳程度なら、タイマーより親が教えてあげるほうがいいですね。デジタルメディアの利用時間が終わる10分前、5分前から子どもをなで、肩を抱いて、「あと10分だけ見ようね」と言いましょう。視覚情報に集中している子どもの他の感覚を生かして、デジタルメディアから抜け出すのを助けてあげるのです。アニメ映画を見ているなら、エンディングのテーマ曲が流れたときに立ち上がって踊ってもいいでしょう。私が子どもと一緒によく使っていた方法です。曲が「パパーン！」と終わったら、みんなでカッコいいポーズでメディアの時間を終えるのです。

もう少し大きくなったら時計が利用できます。数字のある時計が難しければ、時間が減るのを視覚的に見せてくれるタイマーや砂時計を利用してもいいですね。「30分」という時間は初めは計れないかもしれませんが、繰り返しているうちに、30分で自分ができるゲームがどれくらいなのかわかっていくでしょう。

2 デジタルメディアで新しいことを学ぶ

子どもが好きなアニメ映画のシリーズを毎日1本ずつ見るのもいいですが、時々、新しいことが気になることもありますね。私が子どもの頃には、知りたいことは百科事典で調べましたが、今の子どもはウェブで検索して情報を探します。いい情報を上手に見つけることも何より重要な能力です。夏休みに子どもたちとカリフォルニア科学アカデミーに行ってきました。世界トップ10に入る科学博物館の1つで、展示も美しいのですが、優れた研究所でもあります。展示と研究に関する内容はウェブサイト (calacademy.org) でもよく整理されています。

訪問前には子どもとウェブサイトを見て、新たに公開された展示を把握して見学の計画を立てました。帰ってきてからは、見てきた展示と関連した科学者のインタビューや動物について、詳しい情報を確認しました。特に、アルビノアリゲーターのクロードの話が、子どもたちの心をつかみました。

もう一度検索してみると、クロードがサンフランシスコに来ることになったエピソードが載ったニュースを見つけました。さらに知りたいことがあれば、図書館で本を検索します。爬虫類の自然図鑑の本を見ながら、クロードのことをもっと知って、大型水槽で見たサンゴ礁のマンガ本を見ながら、どうしてサンゴ礁が海の生物にとって、さらに地球に住むみんなにとって重要なのか勉強します。こんなふうに**子どもが簡単にアプローチできる良質の情報に触れる機会を逃さない**でください。

3 自己コントロール能力を育てる

ファミレスで子どもを捕まえようとしているうちにごはんが冷めてしまい、ママとパパでかわりばんこに子どもを抱っこして、ごはんが鼻に入ったのか口に入ったのかわからない経験は、親なら誰でもあると思います。

最近はファミレスに行くと、子どもにスマホやタブレットを持たせて食事をしている親をよく見るようになりました。子どもをおとなしく座らせておくために、スマホほど使える道具はないでしょう。ボストンメディカルセンターの小児科医、バリー・ザッカーマンは、車で、ファミレスで、親が家事をするとき、子どもにメディアを持たせることを「黙らせるおもちゃ」と表現し、乳幼児のデジタルメディアの利用には格別に注意するべきだと語りました。常に考えるべきなのは、**脳の発達は経験からつくられる**ということです。

子どもはいくつになればファミレスで静かに座っていられるのでしょう？　子どもによって千差万別でしょうが、私から言えることは、座っていることを十分に練習してからでないと、おとなしく座っている能力は生まれないということです。簡単な道のりではないことは明らかですが、不可能ではないということがせめてもの慰めです。

うちの子どもたちはある程度大きくなったので、ファミレスで走り回る心配はしなくてもよくなりましたが、この本を書きながら、子どもたちが1、2歳の頃を思い出してみました。

あの頃はいつも重いカバンを持っていました。カバンの中には本も2、3冊入っていて、小さなおもちゃと色鉛筆と手帳なども入っていました。ファミレスを選ぶときは子どももリラックスできるところを選んでいました。子ども用の椅子があるところ、子どもが食べられるメニューがあるところ、ちょっと騒々しくても、周りに迷惑をかけずに済むところならいいですね。料理が出てくるまで時間がかかるときには、外を歩いて周囲を見物したこともありました。料理が出てきたら座って食べ、食べ終わったら持ってきたおもちゃで遊ばせました。親が交代で遊んであげたこともあるし、小さなステッカーを子どもの手足にたくさん貼って、「全部はがすまでどれくらいかかるか」のように簡単な指示をしてゲームをしたこともあります。親が求める外食の姿ではないかもしれません。気楽に気分よく外食しようと出かけたのに、育児をしただけみたいでちょっと悔しかったこともありました。でも、小さな子どもと一緒というのはこういうものなのです。

ソハは2年生の夏休みからゲームを始めました。時々、もっとしたいと言うこともあります。ママと約束していない日に、いとこのゲームに口と手を出し、自分のゲームの時間を失くしたこともあります。それで泣いたことももちろんありますよ。でも、少しずつルールを受け入れているところです。

子どもの脳は経験を通して育っているのです。デジタルメディアはしょせんデジタルメディア、自己コントロール能力の代わりではないことを覚えておきましょう。

優しい脳科学相談室

Q すでにデジタルメディアを使っている子はどうすればいいですか？

A 今日からデジタルメディアの管理をはじめましょう。

「脳の発達にとって、小さな頃からデジタルメディアを利用するのはよくない」と聞くと心配になりますよね。子どもが今までデジタルメディアに触れてきたことによる悪影響も気になるでしょう。

早期のメディア利用が脳に及ぼすネガティブな影響が、あとで相殺されるかという研究は、私が知っている限りまだありません。現在の研究も「言語の発達が比較的遅れた」という内容です。子どもの脳が育つ時間はたくさん残っていますから、心配しすぎるよりも、今からデジタルメディアの利用を管理し、積極的な相互作用と遊びの時間で満たしてあげましょう。

Q

デジタルメディアの利用時間が終わるとぐずってしまいます。どうすればいいでしょうか？

A

子どもの気持ちを理解し、整理する時間や手助けをしましょう。

「ああ、面白かった！」と機器の電源をオフにしてくれれば本当にいいのですが、そうはいかないこともあるものです。もっと見たいとぐずり、怒って泣く日もあるでしょう。遊びの時間が終わったことを残念に思っているときは、寝たくないときと同じだと思えばいいのです。泣いてぐずったら、今の状況を消化しているところなので、理解して待ってあげましょう。「動画は１つだけだと約束したでしょ！　１時になったらやめると言ったでしょ！」と子どもの言葉に反駁するのではなく、「今日見たトーマス、大好きなんでしょう。もう見られないからがっかりしてるんだ」と相づちを打ってあげましょう。そして「今日はトーマスどうなったの？　事故に遭ったの？　そう、トーマスは本当に大変だったのね。誰か助けてあげたの？」と話しながら、余韻を徐々に整理するように助けてあげましょう。上手にまとめる能力も練習することで育ちます。

頭脳すくすくチェックポイント

子どもたちは生まれた瞬間からデジタルメディアとともに生きていきます。便利ですが、子どもの力で利用をコントロールするのは簡単ではありません。過度な使用で脳の発達に支障をきたさないよう、健康的なデジタルメディアの利用習慣を育てましょう。

1 お子さんのデジタルメディアの利用時間は推奨時間以内ですか？ 3〜5日、デジタルメディアの利用時間を記録して、平均時間を計算してみましょう。その値をお子さんの年齢の推奨利用時間と比べて、適切かどうか評価しましょう。

2 お子さんが利用するデジタルメディアのコンテンツは、健康的な内容を選んでいますか？

3 デジタルメディアの利用習慣を育てていますか？　次の項目で「はい」が1つ以上あったら、利用習慣を修正する必要があります。

①家族の中で、利用時間のルールを知らない人がいる。（はい／いいえ）
②子どもが泣いてぐずったら、デジタルメディアであやす。（はい／いいえ）
③食事の時間にデジタルメディアを利用する。（はい／いいえ）
④寝る1時間前までデジタルメディアを利用する。（はい／いいえ）

おわりに　脳を育てるのは、親の愛情

「子どもの脳のために、大事なことを1つだけ選ぶとしたら、それは何でしょうか？」

人の脳を育てるために必要なものは本当にたくさんあります。適当な睡眠、十分な食事、体を動かすことや質のいい相互作用、言語的刺激や感覚器官を利用した経験など、何1つ外すことはできません。世の中には子どもの脳の発達にいいというおもちゃや教材、本もたくさんあります。その中でいちばん必要なものは何でしょうか？

1つだけ選ばなければならないなら、私はこれを選びます。それは養育者の愛です。生まれていくらも経たない子どもを胸に抱いたときを思い浮かべると、細く力のない手足や、まだふにゃふにゃの小さな頭を覚えているものです。人はとても弱く生まれてくるので、必然的に養育が必要です。子どもは一人で体温が調整できず、服を着せたり脱がせたりしながら気を遣わなければなりません。母乳やミルクが足りているのか考えたり、おしめの枚数を数えたり、少なくとも2、3カ月は徹夜で面倒を見なければなりません。養育者と一日中くっついていないと生存できない最初の3カ月を「第4の妊娠期」と呼ぶ学者もいます。私たちはみんな、面倒を見てくれた誰かのおかげで生き残り、親になったら喜んで養育を提供します。脳に必要なのは、子どもを保護し大事にしてくれる養育者の存在です。

世の中には完ぺきな成長はありません。誰もが何かが欠けた親であるしかないのです。外で子どもと一緒に走り回る時間がない親もいるし、毎晩、本を読んであげる余裕のない親もいます。子どもの質問にいつも素晴らしい答えを出せる親はいないし、一度も子どもを怒ったことのない親もいません。昨日はここがダメで、今日も他の部分がダメなのです。子どもを完ぺきに育てられる親はいません。親が眠りは脳の発達にいいということを知っていても、子どもが一晩中眠らずに泣く日が必ずあります。

でも、子どもは自分を一晩中おぶってくれる温かい背中があるから立派に育つのです。どんなに忙しい親でも、短時間だけ目を合わせて愛情たっぷりの会話ができれば、子どもは立派な人になろうと頑張れます。たくさん抱っこして、目を合わせてお話を聞かせて、子どもをありのまま愛してあげる親が、子どもの脳を花開かせます。

きっと今日一日は完ぺきではなかったはずです。もし、ダメなところがあったら、子どもが寝る前に抱きしめて、子どもの成長を祝福してあげましょう。そして、明日はまた24時間が与えられます。新しい一日が与えられることは、どれだけありがたいことかしれません。忠実に愛してください。愛は親が子どもの脳が成長するためにあげられる最高の栄養分です。すべての親と子どもの成長を精一杯応援しています。

実践応用

うちの子の
ゴールデン日課表

これまで見てきた6つのサイクルは、
一日の中でお互いに影響し合っています。
睡眠は食事に影響を与え、食事は遊びに影響を与えます。
運動とデジタルメディアは、幼稚園から帰ってきてからの午後の時間に競合します。
親が遭遇しがちな悩みを集めてみました。
カウンセリングの事例を見て、
お子さんのためだけの最高の一日をつくってみましょう。

カウンセリング例①
よく眠れないドヒョンの一日

保護者からの相談

3歳のドヒョンは、お昼寝を卒業しようとしています。遊びたくて寝るのがイヤなのです。けれどお昼寝をしない日は、夕方からうとうとするので、ごはんを食べてから寝るまでが大変です。お昼寝をしないと頑張っていたのに、午後遅くなってからお昼寝してしまうと、夜寝るのが遅くなってしまいます。こういうことを繰り返していると、夜遅く寝て遅く起きるパターンができてしまいます。お昼寝をさせようとすると大騒ぎになり、寝ないと午後に疲れてしまうドヒョンを助けてあげられませんか?

カウンセリング前

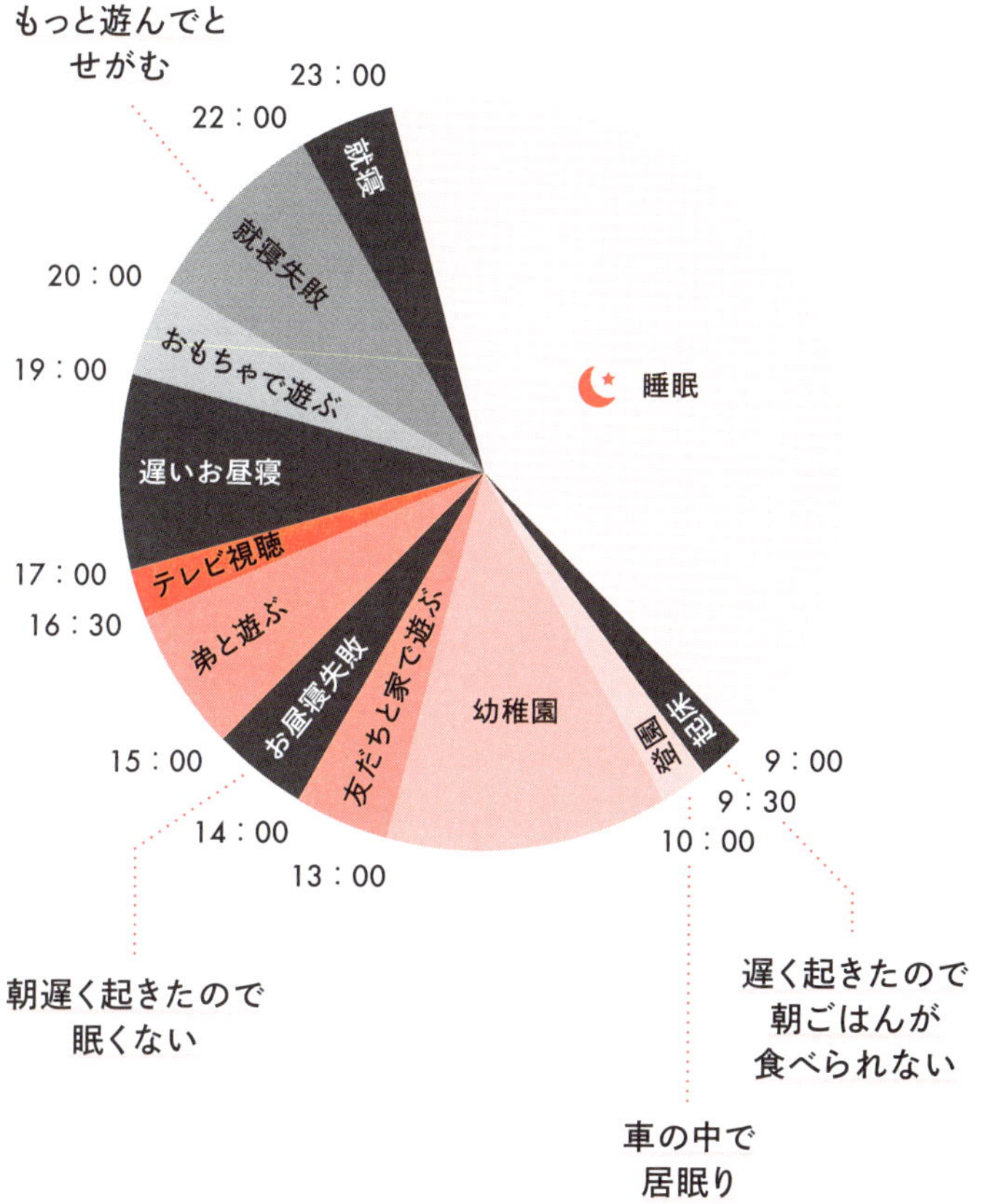
もっと遊んでと
せがむ
23：00
22：00
就寝
就寝失敗
20：00
おもちゃで遊ぶ
19：00
睡眠
遅いお昼寝
テレビ視聴
17：00
16：30
弟と遊ぶ
お昼寝失敗
友だちと家で遊ぶ
幼稚園
登園
起床
15：00
9：00
9：30
14：00
10：00
13：00
朝遅く起きたので
眠くない
遅く起きたので
朝ごはんが
食べられない
車の中で
居眠り

改善策

最初のサイクル「睡眠」で話したように、お昼寝は睡眠の補助ツールです。ある程度の年齢になると自然に減っていきます。お昼寝が睡眠を邪魔しないのが大事です。お昼寝を卒業する頃には、睡眠のパターンが変わるのが普通なので、あまり心配しなくても大丈夫です。

ただ、子どもがお昼寝をしないとき、夕方までもたなければ、まだお昼寝を卒業する時期ではないと思います。ドヒョンは朝起きるのが遅いことから問題が始まっています。時間がなくて朝ごはんが食べられず、幼稚園に行くとすぐにお昼ごはんなので、午前の活動量が少ないのです。9時に起きてからいくらも経っていないし、活動量が少なくて疲れないので、午後にお昼寝ができないのだと思います。お昼寝ができなかったため、十分に休息が取れず、その後の活動が難しくなります。

遅い時間にお昼寝をすると、夜寝るのが遅くなります。お昼寝の時間にも、夜寝る時間にも、ドヒョンは遊ぼう、本を読んでとせがむので、親は簡単に「うちの子は寝るのが嫌いだ」と言います。でも、寝るのが嫌いなのではなく、親が寝かせようとするときとドヒョンが寝るタイミングが合わないだけなのです。寝ないと言う子どもと言い争う時間を減らす必要があります。

朝早く起きることから始めましょう。起きてから1時間ほど経ったら食事をします。少し早めに家を出て、自転車で幼稚園に行く、幼稚園の前で少し遊ぶなど、運動する時間をつくります。午前中に楽しく外遊びでエネルギーを使うようにしましょう。2歳の子は午前中に1時間遊ぶとお昼寝ができるのですが、3歳だと2時間は遊ばないとお昼寝できません。子どもはどんどん体力がついていきますから。日差しを十分に浴びて運動する機会を与えてください。

カウンセリング後

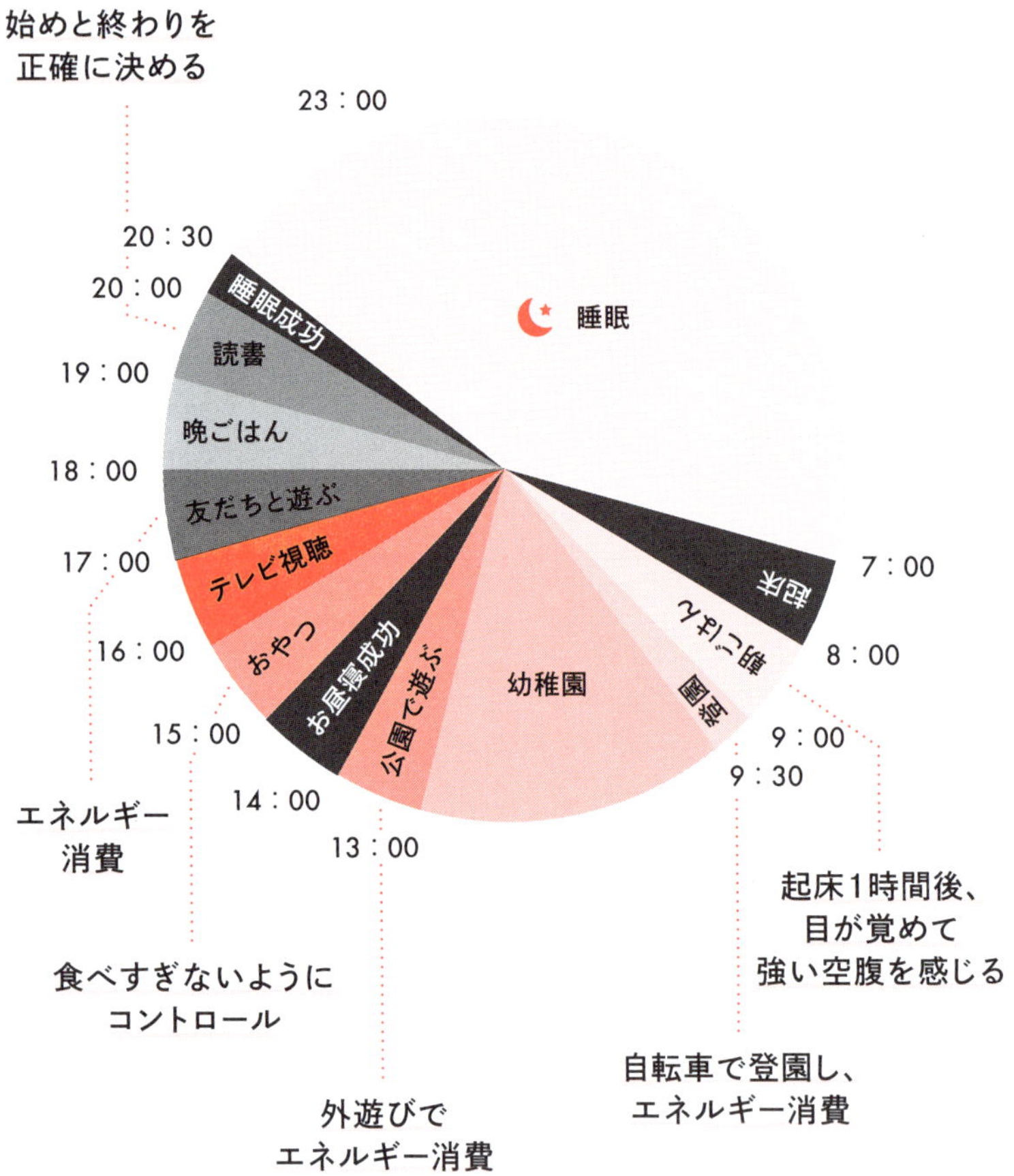
始めと終わりを
正確に決める
23：00
20：30
20：00
睡眠成功
読書
19：00
晩ごはん
18：00
友だちと遊ぶ
17：00
テレビ視聴
16：00
おやつ
15：00
お昼寝成功
14：00
公園で遊ぶ
13：00
幼稚園
睡眠
7：00
起床
朝ごはん
8：00
登園
9：00
9：30
エネルギー
消費
食べすぎないように
コントロール
外遊びで
エネルギー消費
自転車で登園し、
エネルギー消費
起床1時間後、
目が覚めて
強い空腹を感じる

朝の9時に起きて午後の4時か5時頃に昼寝をする子の場合、朝の7時に起きて運動の時間を増やせば、午後の2時頃にお昼寝ができます。午後は休息の時間であることを教えましょう。お昼寝をした日は適当な時間（子どもによって違うので、観察しながら決めます）にドアを開け、音楽をかけておやつの用意をしてから呼んであげるなど、自然に起きられるようにしてあげます。眠くないときは静かに休むように言い聞かせます。お昼寝しない日でも休息の時間を持てば、子どものエネルギーが少し回復します。

ルーティンに名前を付けると、子どもも理解しやすくなります。我が家ではこの時間をクワイエットタイムと呼んでいます。この時間には子どもたちは自分の部屋で静かに休みます。上の子は本を読んで、下の子はお人形と一緒に横になります。お昼寝の後にも夕食前まで遊びの時間を十分に取るようにしましょう。夕食の後には落ち着いて日課が終えられるようにします。寝る前におもちゃを片付ける、寝る前に読む本を一緒に決めるなどして、一日が終わったことがわかるようにしてあげましょう。夜になったら、親はもちろん、おもちゃや家の中のすべてのものが寝る時間なのだと教えてください。明日もまた遊べるということも。

カウンセリング例②

ごはんを食べないヒョナの一日

保護者からの相談

2歳のヒョナはごはんを食べさせるのが面倒な子です。朝は食欲がないのかまったく食べず、1時間ほど遊ぶとお腹が空いておやつを欲しがります。お昼寝の前にお昼を食べさせようと12時に用意をしても、やはりあまり食べません。短いお昼寝の後、またお腹が空いておやつをたっぷり食べます。晩ごはんを食べさせようとして座らせると、眠くてあまり食べません。うとうとするか、逆に興奮して走り回ることもあります。ママ、パパが追いかけて無理に食べさせ、早く寝かせようとしても、さっきまで眠いと言っていたのになかなか眠れません。1時間ゴロゴロして、9時になるとお腹が空いたと言って牛乳を欲しがります。お医者さんは寝る前に牛乳を飲むのはやめさせなさいと言いますが、きちんとごはんを食べないので、せめて牛乳だけでもと思うと、親はなかなかやめさせることができません。

ヒョナがごはんを食べないのはどうしてでしょうか？　子どもにごはんを食べさせるために、親は食事の時間に気をつけます。でも、ごはんを食べるためにはお腹が空いていることが第一条件です。2つ目のサイクル「食事」で話したように、規則的な食事の時間を決め、食事と食事の間に十分消化ができて、次の食事を迎える間隔があるか点検しましょう。

カウンセリング前

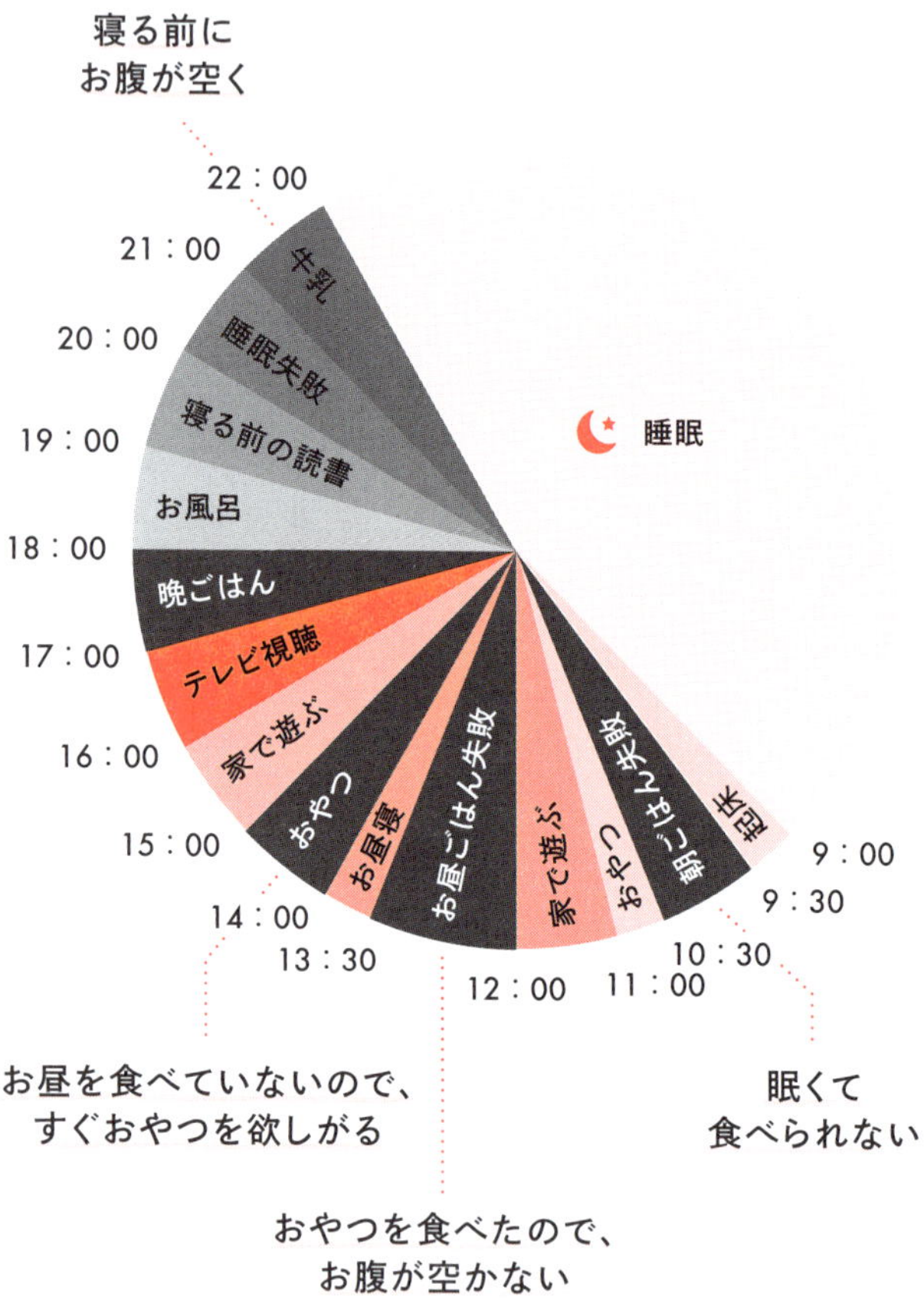
寝る前に
お腹が空く
22：00
21：00
20：00
19：00
18：00
17：00
16：00
15：00
14：00
13：30
12：00
11：00
10：30
9：30
9：00
牛乳
睡眠失敗
寝る前の読書
お風呂
晩ごはん
テレビ視聴
家で遊ぶ
おやつ
お昼寝
お昼ごはん失敗
家で遊ぶ
おやつ
朝ごはん失敗
起床
睡眠
お昼を食べていないので、
すぐおやつを欲しがる
おやつを食べたので、
お腹が空かない
眠くて
食べられない

改善策

ヒョナの日課は睡眠時間と食事の時間が混じっていました。これを解決するために朝起きる時間から調節します。夜ぐずって寝るのが遅いヒョナは、起きるのも遅くなります。だから朝は食欲がなくて朝ごはんが食べられません。朝ごはんの時間が乱れるので、3食全部がおやつに邪魔されてしまっています。おやつを何度も食べる習慣は、子どもが楽しく遊び、ぐっすり眠るのを邪魔します。

ヒョナの一日を改善するために、まず朝起きる時間を8時にします。1時間くらい遊んで目が覚めてから朝ごはんを食べさせます。朝ごはんを食べないのが習慣になっているので、果物、パン、卵などの軽い食事から始めても大丈夫です。朝ごはんを食べたら、1時間以上、外で楽しく遊びます。午前中におやつをあげるかどうかは、様子を見て決めます。公園で遊んだ子どもは、お昼頃空腹を感じます。午前中におやつをたくさん食べていくらもしないうちにお昼を食べていた以前に比べて、たくさんお昼ごはんが食べられるはずです。

午前中の野外活動と十分なお昼ごはんは、お昼寝の役に立ちます。お昼寝の後には軽いおやつをあげますが、できるだけお菓子やジュースは控えます。晩ごはんをおいしく食べるためです。できれば午後にも楽しく遊べるといいですね。友だちと一緒に近所をお散歩して十分にエネルギーを使ったら、晩ごはんを食べてすぐに眠れるでしょう。

カウンセリング後

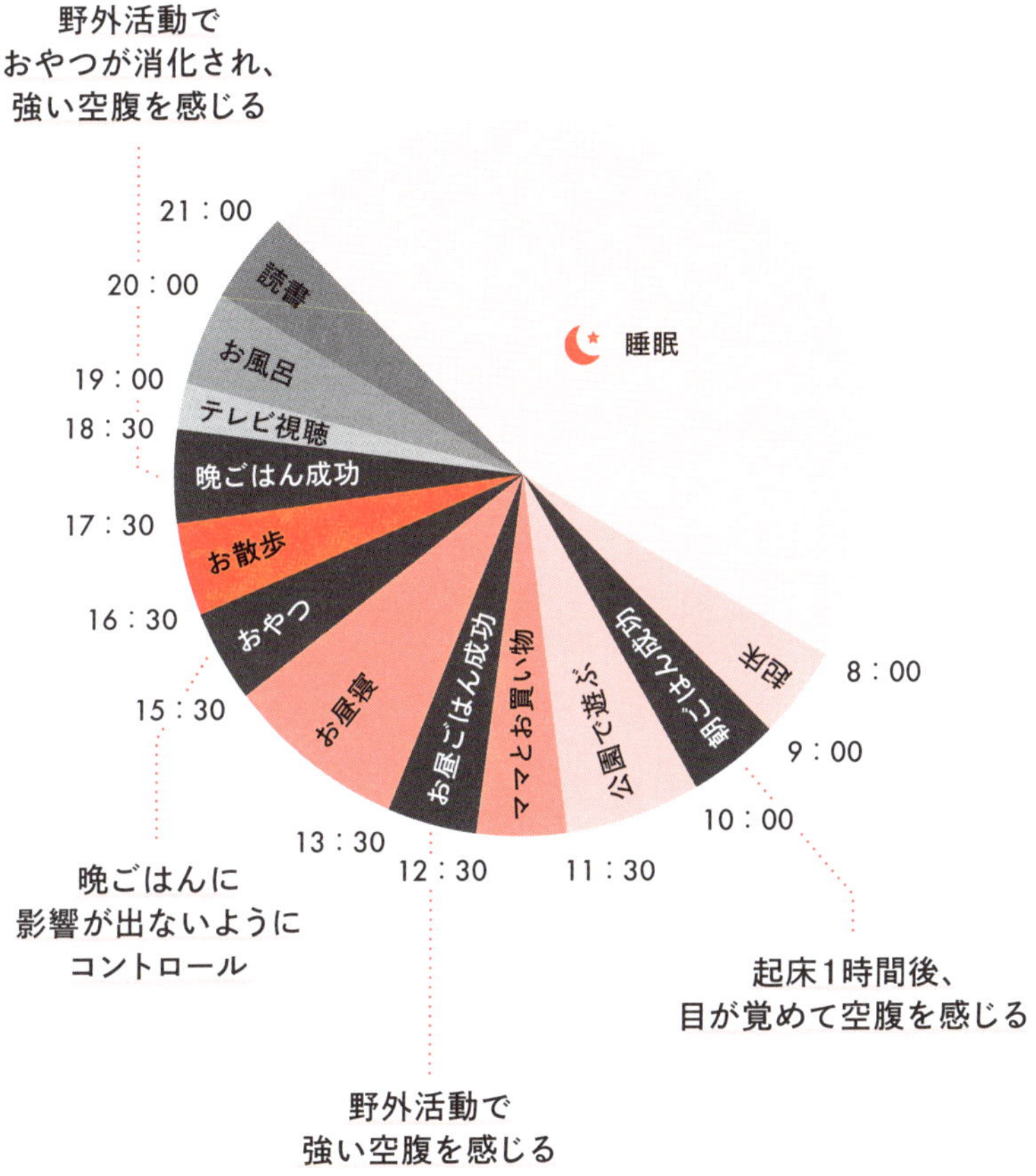
野外活動で
おやつが消化され、
強い空腹を感じる
21：00
20：00
読書
お風呂
19：00
18：30
テレビ視聴
晩ごはん成功
17：30
お散歩
16：30
おやつ
15：30
お昼寝
13：30
お昼ごはん成功
12：30
ママとお買い物
11：30
公園で遊ぶ
10：00
朝ごはん成功
9：00
起床
8：00
睡眠
晩ごはんに
影響が出ないように
コントロール
起床1時間後、
目が覚めて空腹を感じる
野外活動で
強い空腹を感じる

カウンセリング例③

スマホ大好きダユンの一日

保護者からの相談

4歳のダユンはいつもスマホを手放しません。ママが忙しいときにスマホを持たせているので、退屈なときにせがむのが当然になってしまいました。育児や家事に他の家族の助けを受けられないダユンのママは、下の子の面倒を見ている間、スマホにダユンを委ねています。毎日忙しくて疲れているママはやめる決心がつかず先延ばしにしています。初めは一日に1、2回でしたが、ダユンがスマホをせがむことがだんだん増えています。

ダユンのママもスマホをよく使います。子どもと遊んでいるときに時々見ているのです。ママがスマホを見ているとダユンも見ようとするので、あまり見ないようにしようと思いますが簡単ではありません。子どもといるとあまり出かけられないママの唯一の趣味なのです。すぐに切らしてしまうおやつやおしめもスマホで注文しています。

子どもが寝てから遅くまでスマホでSNSやドラマを見ます。次の日起きるのはつらいですが、自分のためだけの唯一の時間なのであきらめられません。退屈になると動画ばかり見ているダユンと、スマホがベビーシッターであると同時に育児の敵でもあるダユンのママは、このループから抜け出せるでしょうか？

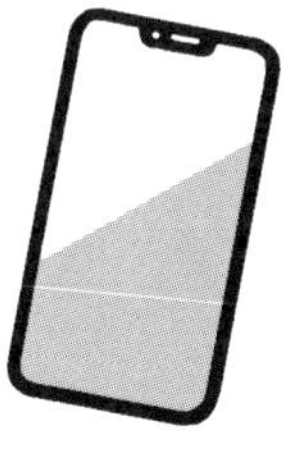

カウンセリング前

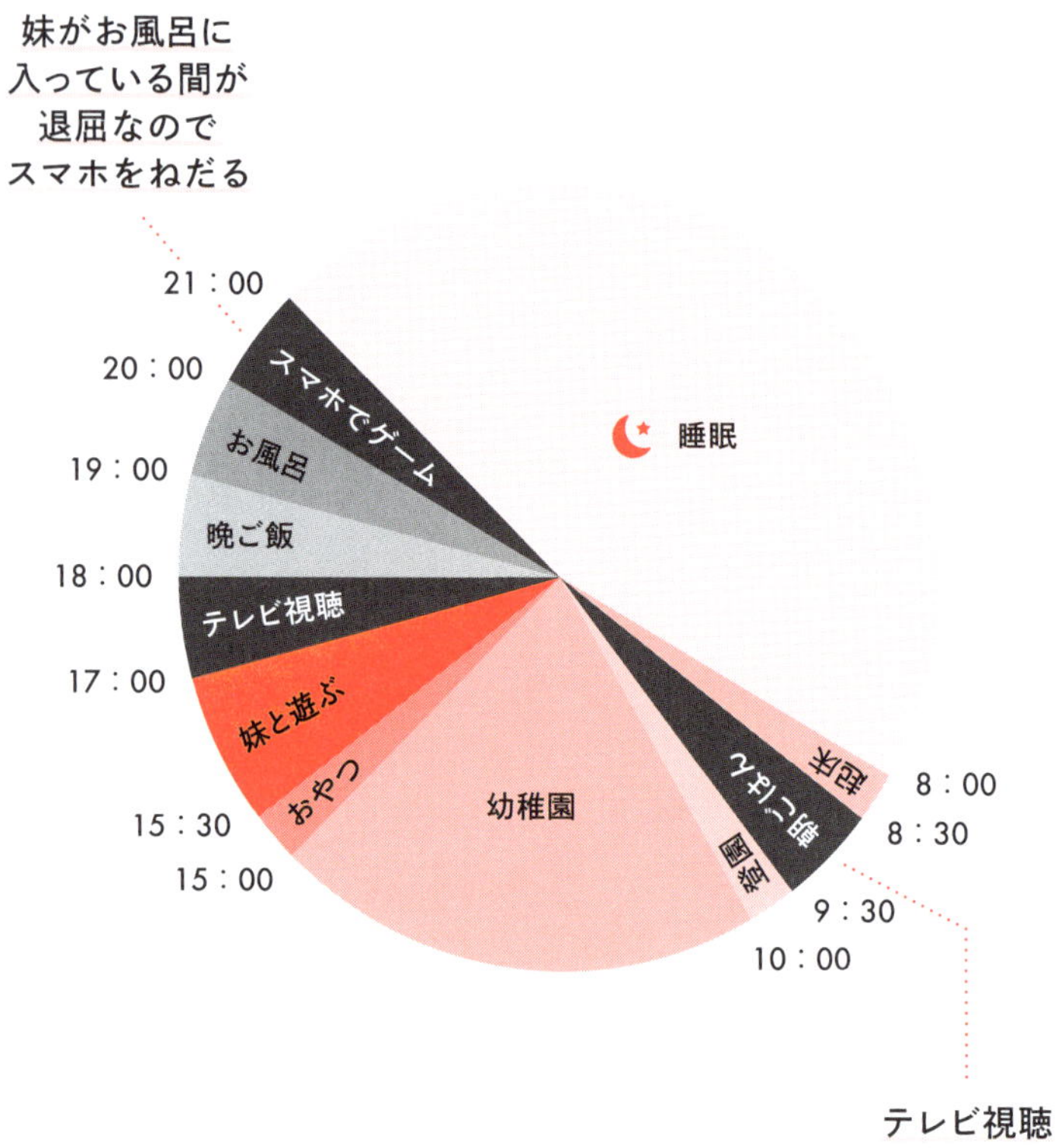
妹がお風呂に
入っている間が
退屈なので
スマホをねだる
21：00
20：00
19：00
18：00
17：00
15：30
15：00
スマホでゲーム
お風呂
晩ご飯
テレビ視聴
妹と遊ぶ
おやつ
幼稚園
睡眠
起床
朝ごはん
登園
8：00
8：30
9：30
10：00
テレビ視聴

改善策

ダユンの一日から問題を探してみましょう。ダユンにはデジタルメディアを利用する時間を明確にする基準がありません。ママはスマホは見ちゃダメと言っても、ダユンがぐずると見せてしまうので、ダユンはいつ利用できていつ利用できないのか、理解できないのです。デジタルメディアの利用は、総利用時間を制限する基準を決めるとともに、どんな形で利用するのか決めるのが大事です。単にスマホを長く見ることで起きる短所もありますが、利用をコントロールできないことで起きる短所も多いからです。

デジタルメディアの利用習慣も、1日の日課を調整しながら一緒に考えれば効果があります。下の子が小さくてダユンが家にいる時間が長いことも問題をつくっています。3つ目のサイクル「運動」で話したように、十分に動き回れなければ、子どもは自分をコントロールできなくなります。また子どものデジタルメディアの利用は、親の利用の仕方の影響を受けます。親がスマホを「見てはいけないけれど我慢できない存在」として見れば、子どももそうなる可能性が高いのです。ダユンのママのスマホ習慣を一緒に直せば、さらに効果があるはずです。

ダユンに必要なのは、動画を見る時間がいつなのか自分で予測し、判断できるはっきりした基準です。まずは6番目のサイクル「デジタルメディア」の乳幼児のためのデジタルメディア利用のガイドラインを参考に、ダユンの利用時間が年齢に合っているかどうか確認します。

今のダユンの利用時間は3時間ほどです。ママにいちばん都合がよく、子どものメディア利用習慣を育てるために邪魔にならない時間帯を選んで、1時間未満に調節します。晩ごはんの支度をする6時前が適当だと思います。ママが妹をお風呂に入れている間、ダユンはずっと動画を見て待っていました。待つのも練習が必要です。子どもを「じっと座らせておく」ための利用時間はなくし、子どもが自分ですべきことをし、楽しく遊べるように応援してあげましょう。幼稚園から帰ったら外で遊ばせます。ダユンと妹の寝る時間も早くなるし、子どもに十分な運動をさせれば生活習慣も改善し、退屈でぐずったりすることも減るはずです。

でも、ダユンのママの努力が必要な部分もあります。ダユンの習慣だけをコントロールするのではなく、ママの習慣も変化が必要に見えます。ママには少し早起きして、自分が出かける支度をしておくことを勧めます。時間があれば朝ごはんの支度も済ませてしまいましょう。そうすればダユンが幼稚園に行く支度をするのも、余裕を持って待ってあげられます。ママの就寝時間は夜12時前にします。育児に疲れた一日の最後に「自分だけの時間」を持つのはもちろん大切です。でも、その時間が自分にとって本当の休息やチャージになっていなければ意味がないのです。スマホを見ていて寝るのが遅くなれば、次の日に大きな疲労を感じるものです。本を読む、音楽を聴いて書き物をする、寝る前にストレッチをするなど、もっといい休息の方法を見つけてほしいです。

カウンセリング後

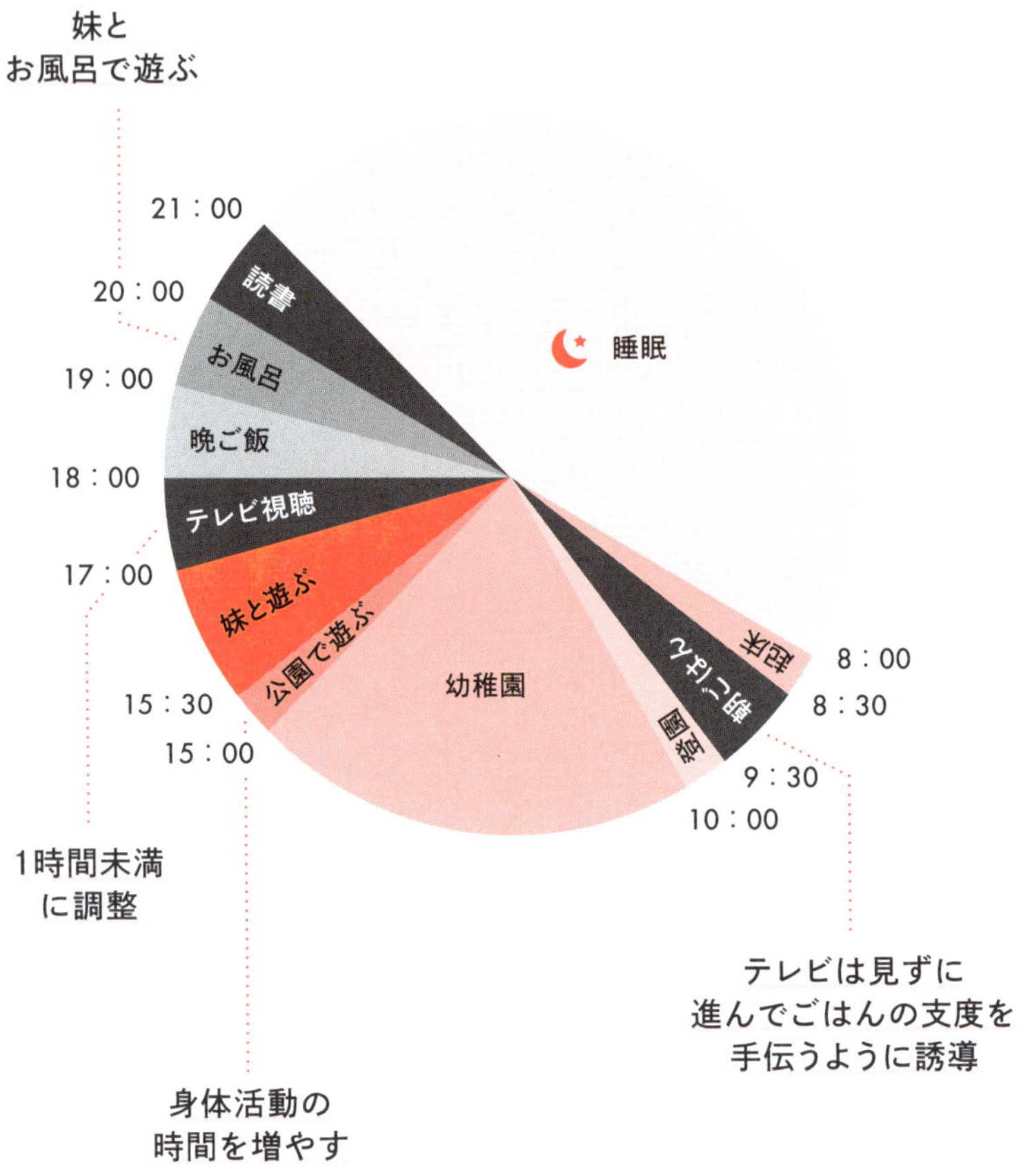
妹と
お風呂で遊ぶ
21：00
20：00
19：00
18：00
17：00
15：30
15：00
読書
お風呂
晩ご飯
テレビ視聴
妹と遊ぶ
公園で遊ぶ
幼稚園
睡眠
起床
朝ごはん
登園
8：00
8：30
9：30
10：00
1時間未満
に調整
身体活動の
時間を増やす
テレビは見ずに
進んでごはんの支度を
手伝うように誘導

ここからは子どもの24時間を点検し、脳の発達のために必要な6つのサイクルを備えた日課表をつくってみましょう。まずは子どもの1日を観察します。3日から7日程度記録して、平均的な日課を把握したら、子どもの脳の発達に必要な日課を点検します。紹介したチェックポイントなどを参考にして直す部分を把握し、時間を効率的に分配しながら子どもの素敵な一日をつくりましょう。

Before

お子さんの一日を記録してみましょう。

最高の脳をつくるための日課づくり

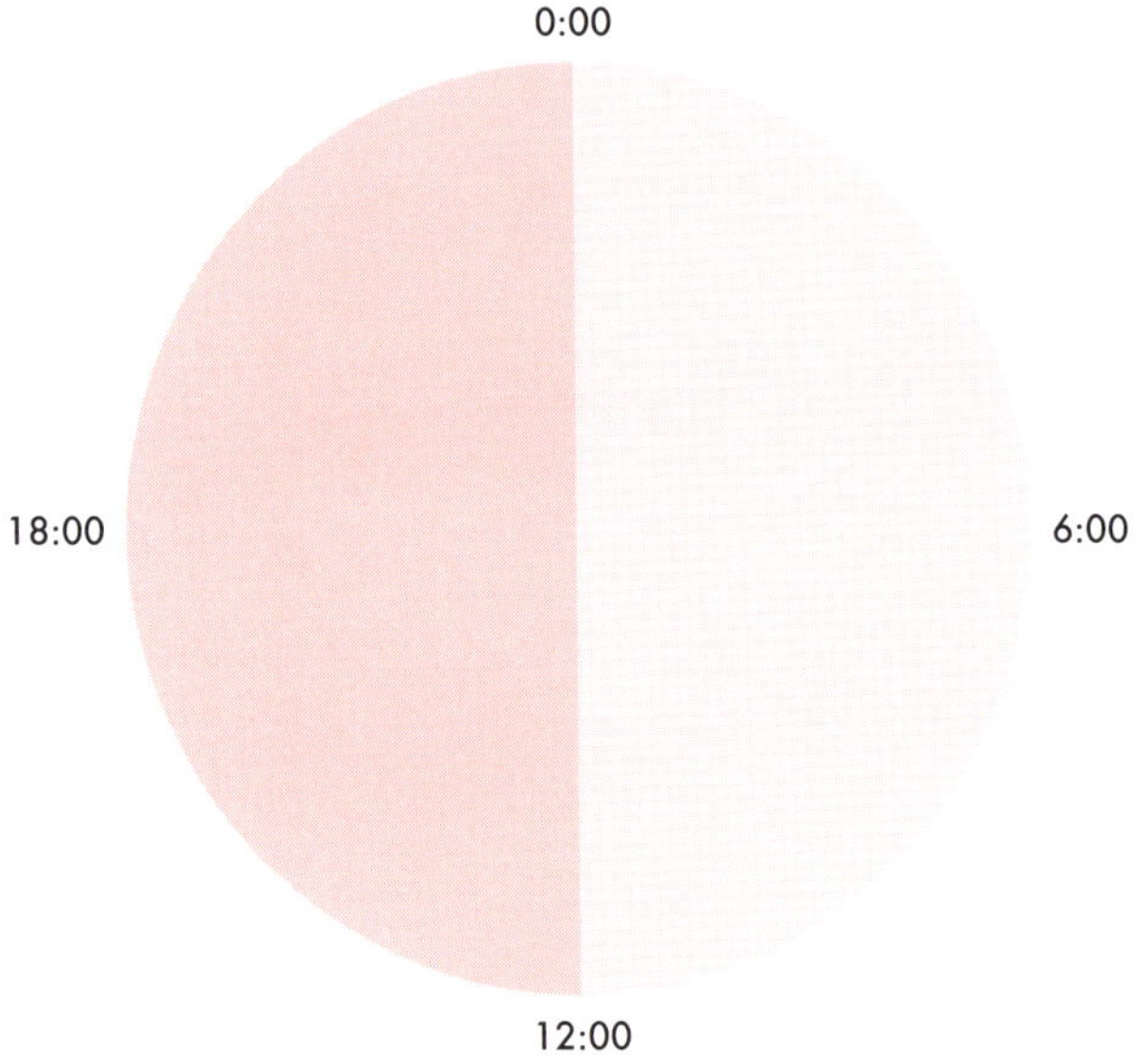

Q　お子さんの１日でいちばん悩んでいることは何ですか？

After

この本で学んだ睡眠、食事、運動、遊び、読書、デジタルメディアを反映して、子どもの一日を改善しましょう。

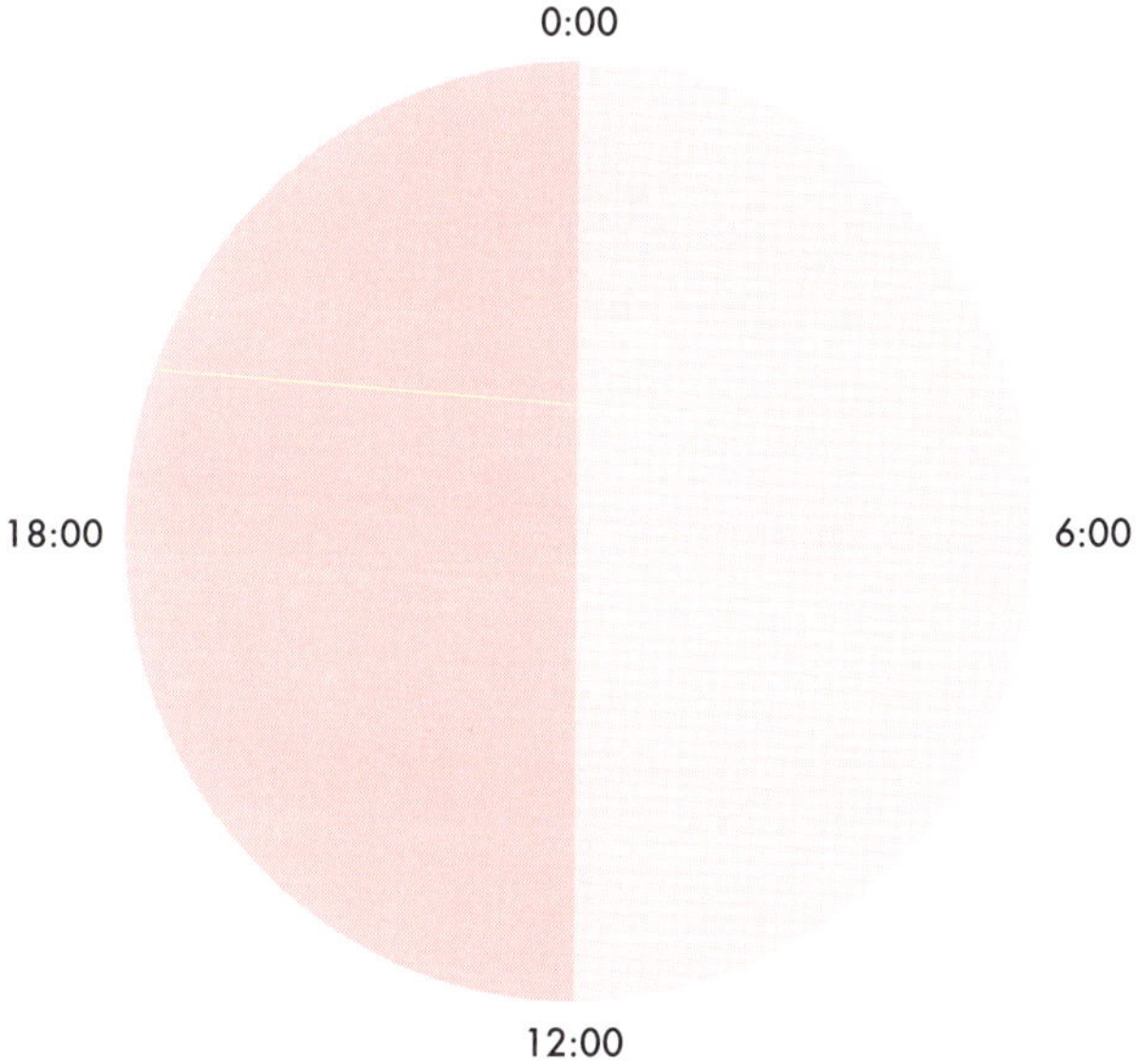

Q　いちばん先に実践するべき課題は何ですか？

もっと知りたい親のための
脳科学基礎講座

最近、脳の話をよく聞きませんか？　興味深い情報と不安な情報が混じっていますね。親が子どもの脳について知りたいことや、知っておくといい脳科学の知識をまとめてみました。脳とは何で、脳が発達するというのはどういう意味でしょう？　このコーナーで、漠然としていた脳についての疑問や誤解、不安を少しでも解消できればと思います。

脳とは何か？

最近、脳科学の発展や大衆の関心のおかげで、脳についての話をよく聞けるようになったのはとても喜ばしいことです。親を対象に脳について話すときは、新しい知識を学んで楽しんでいるまなざしと、自分の育児のせいで子どもの脳がどうにかなっているのではないかと不安がっているまなざしに同時に出会います。ここでは、親に知っておいてもらいたい脳科学の知識を簡単にまとめてみました。脳とは何で、脳が発達するというのはどういう意味なのか、一緒に考えるためです。これを知って、漠然としていた脳についての疑問や誤解、不安を少しでも解消してもらえればうれしいです。

脳が育つことについて話すために、まず、この質問を一緒に考えてみたいと思います。

脳は何をするところでしょうか？　私たちが頭の中に持っている脳についての概念が、脳に関する情報を理解する出発点になります。私たちは脳をどのように理解しているのでしょう？　2023年1月、カウンセリングプログラムで頭脳の発達の講義を受講した138人の親に、脳は何をするところだと思っているかを質問しました。

いちばん多い答えは「コントロール」でした。体をコントロールまたは制御し、命令を出すところだという答えです。司令官、中央管制塔、コントロールセンター、CEOなどの比喩的表現もありました。その次に多かったのが「考える」ところだという答えです。これと関連して「認知」「記憶」「注意」「意識」「判断」などの言葉がありました。その次が感情や感覚という答えです。そして、脳があるから人間が人間らしく生きられる、「自分」という人がつくられる、という答えもありました。

これらは間違いではありませんが、100パーセント正しい答えでもありません。脳は思いや思考、感情や感覚の処理、行動の決定やコントロール、そして、実行に重要な役割を果たしています。でも、それがすべてではありません。

それは、脳の姿を考えると分かります。「人の脳」と聞くと、多くの人はピンク色の、くねくねしたしわのある半球を思い浮かべることでしょう。この半球は左右に分かれていて、それぞれ「左脳」「右脳」と呼ばれています。クルミを半分に割ったような形のこの器官は大脳と呼ばれ、私たちの体の司令塔として働く重要な器官です。

医学的に「脳」と言うときには、大脳だけでなく、その下にある小脳と間脳、脊髄との連結部分である脳幹も含みます。これらは脊髄で連結して中枢神経系を構成し、さらにそこから体の隅々まで伸びる末梢神経系に連結しています（左側の絵）。

私はこの神経系の絵のように、体を全体で1つのものとして理解するのが脳を見つめる観点として重要だと考えています。脳は頭の中にひとりぼっちでいる神秘的でよくわからない存在ではなく、体をまとめている神経系から情報をもらって処理し、また神経の先に送り返すところなのです。息をして、食べて飲んで、寝て起きる過程の全般を担い、鉛筆を持って文字を書き、自然に道を歩くことも担当しています。

脳は神経系全体とつながっていて、神経系は体全体とつながっているので、生活のパーツはすべてつながっていることになります。眠りは集中力に影響し、食事は気分に影響し、体の動きは学習能力に影響するのです。「視覚領域」と呼ばれる脳の領域はありますが、何かを見るのはこの領域だけの仕事ではありません。目から入ってきた光が網膜に像を結び、この情報は視神経に乗って脳を旅します。一次視覚野に伝達された情報は色、形、動き、位置などの情報をそれぞれ別のニューロンが分けて処理します。目の前の物を正確につかむには、視覚情報を利用して運動情報をつくり、この信号を失くさずに指の筋肉に伝えなければいけません。

小さな考え１つ、小さな動作１つも体の隅々と脳が疎通して成される美しい過程です。

脳は体と別に考えることができないのです。

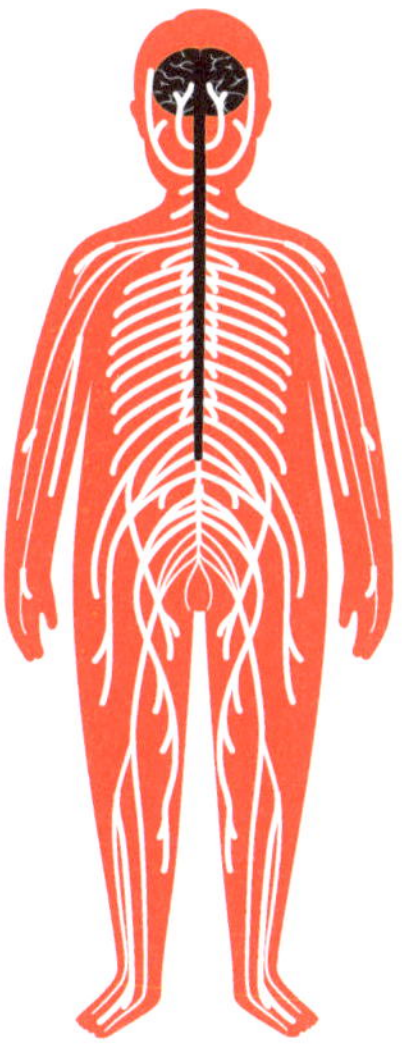

脳と神経系の様子

子どもの脳はどう発達するか？

脳が発達するという言葉にはいくつかの意味があります。脳の領域と機能別に、発達の速度や順序、様相がすべて違います。だから「脳の発達」という1つの言葉でそれが表す意味すべてを理解するのは難しいのです。この過程の説明を間違えれば、発達への誤解を生み、親に過度な不安を抱かせることになります。この本を読んでいるみなさんには、脳の発達を多角的に理解して、子どもの脳についての情報を賢く受け入れてほしいのです。

親として知っておきたい脳の発達の特徴は5つに要約できます。

脳は大きくなる

言葉のとおり、脳は育つのです。脳を構成する細胞の数が増え、細胞が育ちます。これはママのお腹の中にいるときから始まっています。お腹の中で脳の基本的な構造ができているのです。世の中に適応するための機能をある程度備えて生まれる必要がありますから。生まれたばかりの新生児の脳は成人の脳の大きさの25パーセント程度ですが、生後2年で成人の80パーセント程度まで育ちます。3歳頃の脳は成人の90パーセントくらいです。体の他の部分と比べると、とても速いスピードで成長していますね。脳が大きくなるということは、脳の体積が増加することを意味します。ニューロンができ続け、ニューロン間の連結であるシナプスが増え、体積が増えるのです。

　この時期に子どもの脳の発達が重要なのは事実です。必要な神経細胞を十分につくれないと、以後の機能の発達に支障が出ますから。でも、3歳で脳の90パーセントが決まる、誰もが天才になれるのだから、この時期を逃してはいけない、だからこの教材やおもちゃ、本を購入するべきだという話は誤解を招きます。脳の体積が増加する過程は、子どもの背が伸びて、指が5つに分かれるのと同じで、もともと準備されている過程に近いのです。基本的な成長環境の条件が備われば、ほとんどの子どもはこのスピードで成長します。

ニューロンが新たにつながる

ニューロンは脳の中にある神経細胞の一部で、ニューロンを数える方法ごとに違いはありますが、約860億個あると言われています。この多くのニューロンが信号をやり取りして複雑に働いています。ニューロン同士はぴったりくっついているのではなく、隣で触れ合っている感じです。この触れ合っている部分がシナプスです。あるニューロンの信号は他のニューロンの樹状突起に伝達され、信号を受けたニューロンは、別のニューロンに信号を送ります。この過程は脳の中で絶えず行われています。

子ども脳が育てばニューロン間の連結も増加します。前述のとおり、ニューロンが増えれば連結も増えるので、自然なことでもありますが、脳がよく使う、仕事をするために重要なニューロンの連結を強化するために、樹状突起を伸ばしているともいえます。

大脳の断面は、外側が濃い灰色で、中はもう少し白い色です。それで外側を灰白質または灰色質、中を白質と呼んでいます。灰白質の色が濃いのは、ニューロンの細胞体と樹状突起が集まっているからです。ニューロンの連結が多いということは、灰白質の体積が厚いともいえます。

脳の発達の程度を「脳の皮質が厚い」と表現しますが、これは灰白質の体積が増えているという意味で、ニューロンの連結が増えたという意味だと解釈して結構です。子どもの脳の発達を研究するとき、皮質が厚いというのはほとんどポジティブな意味として解釈されます。でも、発達が進んでいけば、いつもそうとは限りません。青少年を経て成人になる過程では、灰白質を含む大脳皮質が薄くなり、灰白質の密度が高くなることもあります。

ニューロンの神経伝達が速くなる

ニューロンの端でつくられた信号は、軸索に沿って伝達され、軸索の端で次のニューロンに信号が伝達されます。軸索が信号を伝達できるように、軸索の周囲を髄鞘が包む過程を「髄鞘化」と呼びます。髄鞘は脂肪質でできた絶縁物質で、軸索という電線を包んでいる被覆だと思えばいいでしょう。電線に被覆を巻けば信号の伝達が速くなり、信号の損失が減ります。賢く速く仕事ができるということです。よく使用する信号の通り道では、より多くの髄鞘化が起きています。大脳の白質が白く見えるのは、髄鞘の脂肪質のせいです。髄鞘化が進むと白質の体積が増加します。

シナプスの剪定をする

脳の発達が常にニューロンとシナプスの量を増やすわけではありません。減ることもあります。脳ではニューロンとシナプスをたくさんつくっておく過剰生産と、ニューロンの連結を間引く過程であるシナプスの剪定が行われます。剪定が必要な理由は簡単です。脳が体のエネルギーを使いすぎるからです。成人を基準にすると、脳は体重のたった2パーセントを占めるだけですが、身体エネルギーの20パーセントを使用します。子どもの場合はさらに多くのエネルギーを使用します。エネルギー消費全体の50パーセントが脳で起きているのです。ニューロンの連結が最高潮になるのが5～6歳で、その後剪定によって減らされて、エネルギーの消費量も併せて減っていきます。もし剪定をしないでシナプスをすべて維持しようとしたら、だんだん大きくなる体を維持するためのエネルギーが足りなくなるでしょう。シナプスの剪定は絶対に必要な過程なのです。

シナプスの剪定は「使わなければダメになる」という言葉に要約できます。たくさん準備してから、重要なものだけ残します。

成人になっても脳は新しい神経細胞をつくりシナプスを連結しますが、子どものときほどのスピードは出ません。だから不要な枝を切り、重要な枝はなくさないのが大事なのです。

変化し続ける

脳が持つ最も驚くべき能力は変化です。しかも変化し続けます。脳は外部環境を経験しながら、それに合わせて情報処理の回路を再構成します。この性質を神経可塑性と言います。特に学習と記憶を経て連結されたニューロンが、さらに反応できるように適応していく能力を「シナプス可塑性」と言います。以前はこの過程が幼年期以前に起こり、成人になると脳は老化するだけで、ニューロンは新たにつくられないと考えられていました。

でも、研究が進むと、成人になっても脳が変わるという証拠が続々発見されました。神経可塑性の例で、楽器を演奏する音楽家の脳で、指の感覚を処理する領域が拡大し、他の指の感覚を担当する領域と重なることがわかりました。1つの指の感覚を他の指の感覚と区別することが難しくなり、微細に楽器を演奏することができなくなるそうです。手の問題ではなく、脳が長期間で変化して起きた現象です。

脳の発達は個人ごとに差はありません。みんな左脳と右脳を備えていて、視覚情報は脳の後ろで、聴覚情報は脳の横で処理します。似たような時期に似たような領域で活発な成長が起きます。たとえば、小脳は受精後30日から生後2年まで速いスピードで発達します。子どもが1歳であんよを始め、2歳になるとしっかり立って歩き回るのを見ると、運動とバランスを担当する小脳が脳の他の領域より相対的に早く発達するのが理解できます。

一方、最も複雑な構造の大脳皮質は長い時間をかけて発達します。成人と言われる18歳以降になっても発達が続きます。生存するために必要な感覚情報を処理する領域でまず髄鞘化が始まり、言語領域、実行機能を担当する領域の順に長い期間をかけて発達します。

でも、発達の種類でお話ししたニューロンの連結、髄鞘化、シナプスの剪定は、脳がどんな環境で何を経験するかによって違う様相を見せます。脳は育つ過程で出会う無数の事柄を反映しながら発達するので、結局は人によって違う脳を持つことになります。だから子どもの脳が健康に育つような環境を整えるのが何より重要なのです。

種から芽が出て根を張るように、子どもの脳が育って、ニューロンが丈夫な枝を伸ばせるように、子どもの脳にいい環境を整えてください。

用語説明

脳の構造

・**大脳**

中枢神経系の上位器官で、大脳皮質とその下の領域の内部及び下部構造を含みます。感覚や運動、感情、言語、記憶、評価、判断などの精神機能を担当します。

・**小脳**

頭の後ろ側、大脳の下にある領域で、大脳には迷路のようにくねくねしたしわがありますが、小脳は平行する縞模様のようなしわがあります。感覚の統合や筋肉の調節に重要な役割を果たし、身体のバランスと協応を担当します。小脳が損傷すると、体の微細な動きや、動き始めのコントロールが難しくなります。

・**間脳**

視床と視床下部、脳下垂体などを含む領域です。身体恒常性維持の中枢として、代謝や自律神経系を管掌します。ホルモンの分泌や刺激を通し体温、空腹、渇き、疲労、睡眠をコントロールし、成長、血圧、エネルギー調節、性、身体代謝や、出産と母乳の授乳など、たくさんの機能に影響を与えています。

・**脳幹**

脳から大脳と小脳を除いた部分で、脊髄と大脳を幹のようにつないでいるので、脳幹と呼ばれます。脳幹は反射運動や内臓機能など、最も基本的な機能の中枢として、生命を維持するために必須の役割をします。

大脳皮質の構造

・**前頭葉**

思考、推理、目標設定や計画、行動の制御や感情のコントロール、意思決定などの複雑な認知機能を担当します。ブローカ野があって、言葉の生成をコントロールしています。頭頂葉との境界の前にある一次運動野は、身体の動きを調節する役割をしています。おでこの後ろにある前頭葉のいちばん前の部分は前頭前皮質と呼ばれますが、ここが行動を監督、計画、指示、実行する意思決定及び実行機能で重要な役割をしています。

・頭頂葉

頭頂葉は感覚情報の処理と運動の実行で重要な役割をし、空間感覚と数学的思考にとっても重要です。前頭葉との境界の後ろには体性感覚野があり、皮膚を通して伝達される感覚情報を処理します。

・側頭葉

側頭葉は脳の両サイド、耳の近くにあります。聴覚情報処理の中心領域です。ウェルニッケ野が存在し、言葉の理解を担当します。言語の理解をもとに学習と記憶でも重要な役割をします。いちばん下の紡錘状回は視覚情報の処理を担当し、知っている顔を見分ける、文字を認識するなどの仕事をします。

・後頭葉

後頭葉は頭のいちばん後ろにあります。視覚情報を多様に処理します。目に異常がなくても後頭葉に損傷があると、色が区別できない、絵に描かれたものが見分けられない、文字が読めないなどの支障が出ます。

辺縁系の構造

・海馬

海馬は学習と記憶の中枢です。タツノオトシゴに似ているので海馬と呼ばれます。海馬は空間知覚と空間の記憶を担当し、エピソードの記憶（先週末にあった友だちの誕生パーティーのような自伝的事柄の記憶）を保存します。海馬は新しい記憶を長期的な記憶として転換する際に重要な役割をします。

・扁桃体

扁桃体はアーモンドによく似た小さな領域です。情緒的信号の処理と反応の核心です。

特に不安、恐怖、怒りの感情などがあると強く反応すると考えられています。扁桃体は情緒と結合した記憶を保存する「情緒的学習」も担当します。

・視床

視床は脳の中心部にあります。辺縁系は視床を中心に輪の形をしています。視床は統合中枢として大脳皮質に伝達される感覚系の関門とも言えます。体の感覚受容器から嗅覚を除いて収集された視覚、聴覚、体感覚の情報は、視床を通して当該感覚を担当する大脳皮質に伝達されます。

・視床下部

言葉のとおり視床の下、脳幹のすぐ上にあるアーモンド大の器官です。視床下部には多くの役割がありますが、中でもいちばん重要なのは神経系と内分泌系を連結することです。代謝の過程や自律神経系の活動を管掌し、生理的機能（睡眠、渇き、空腹、体温）などをコントロールします。

ニューロンの構造

・ニューロン

ニューロン、または神経細胞は、神経系の中にある特別な細胞の種類です。体全体や脳に情報を伝達する役割をします。ニューロンが反応するためには、一定レベル以上の強度の刺激が必要です。ニューロンが刺激を受けると、反応、または興奮が起こります。これをニューロンの発火（火がつく）と表現します。ニューロンは細胞体と信号を受ける樹状突起、次のニューロンに伝達する軸索（軸索突起）に分かれています。

・シナプス

ニューロン同士は完全にくっついているのではなく軽く触れ合っているのですが、この部分をシナプスと言います。１つのニューロンの中の反応は軸索に沿って移動し、軸索終末（軸索のいちばん端）に達すると、化学物質を分泌します。化学物質はシナプスを越えて次のニューロンの樹状突起に伝達され、信号をつくり出します。

9 Vaheshta Sethna, Emily Perry, Jill Domoney, Jane Iles, Lamprini Psychogiou, Natasha E. L Rowbotham, Alan Stein, Lynne Murray, Paul G. Ramchandani, "FATHER-CHILD INTERACTIONS AT 3 MONTHS AND 24 MONTHS: CONTRIBUTIONS TO CHILDREN'S COGNITIVE DEVELOPMENT AT 24 MONTHS", Infant Ment., 2017.

10 Gregory S. Berns, Kristina Blaine, Michael J. Prietula, Brandon E. Pye, "Short-and Long-Term Effects of a Novel on Connectivity in the Brain", Brain Connectivity, 2013.

11 David Comer Kidd, Emanuele Castano, "Reading Literary Fiction Improves Theory of Mind", Science, 2013.

12 Emanuele Castano, Alison Jane, Martingano, Pietro Perconti, "The effect of exposure to fiction on attributional complexity, egocentric bias and accuracy in social perception", PLOS ONE, 2020.

13 Moritz Lehne, Philipp Engel, Martin Rohrmeier, Winfried Menninghaus, Arthur M. Jacobs, Stefan Koelsch, "Reading a Suspenseful Literary Text Activates Brain Areas Related to Social Cognition and Predictive Inference", PLOS ONE, 2015.

14 Wojciech Małecki, Bogusław Pawłowski, Piotr Sorokowski, "Literary Fiction Influences Attitudes Toward Animal Welfare", PLOS ONE, 2015.

15 Vezzali, Loris Stathi, Sofia Giovannini, Dino Capozza, Dora Trifiletti, Elena, "The greatest magic of Harry Potter: Reducing prejudice", Journal of Applied Social Psychology, 2015.

16 Alexis Hervais-Adelman, Uttam Kumar, Ramesh K. Mishra, Viveka N. Tripathi, Anupam Guleria, Jay P. Singh, Frank Eisner, Falk Huettig, "Learning to read recycles visual cortical networks without destruction", Science Advances, 2019.

17 Jason D. Yeatman, Robert F. Dougherty, Michal Ben-Shachar, Brian A. Wandell, "Development of white matter and reading skills. Proceedings of the National Academy of Sciences", The Proceedings of the National Academy of Sciences, 2012.

Cycle6 デジタルメディア：メディア習慣、最初から賢く健康に

1 Annette Sundqvist, Felix-Sebastian Koch, Ulrika Birberg Thornberg, Rachel Barr, Mikael Heimann, "Growing Up in a Digital World – Digital Media and the Association With the Child's Language Development at Two Years of Age", Frontiers in Psychology, 2021.

2 John S. Hutton, Jonathan Dudley, Tzipi Horowitz-Kraus, "Associations Between Screen-Based Media Use and Brain White Matter Integrity in Preschool-Aged Children", JAMA Pediatr, 2019.

3 John S. Hutton, Jonathan Dudley, Tzipi Horowitz-Kraus, Tom DeWitt, Scott K. Holland, "Functional Connectivity of Attention, Visual, and Language Networks During Audio, Illustrated, and Animated Stories in Preschool-Age Children", Brain connectivity, 2019.

4 Wang, Yang Mathews, Vincent P. Kalnin, Andrew J. Mosier, Kristine M. Dunn, David W. Saykin, Andrew J. Kronenberger, William G, "Short Term Exposure to a Violent Video Game Induces Changes in Frontolimbic Circuitry in Adolescents", Brain Imaging and Behavior, 2009.

young chimpanzees to food and social rewards", The Psychological Record, 1963.

2 側坐核と呼ばれ、韓国語由来の新用語では、「寄りかかる(キデダ)」からキデム核と呼ばれている。英語の略語もNAcc, NAC, Nacと表記される。

3 Linda. W. M. van Kerkhof, Ruth Damsteegt, Viviana Trezza, Pieter Voorn, Louk. J. M. J Vanderschuren, "Social Play Behavior in Adolescent Rats is Mediated by Functional Activity in Medial Prefrontal Cortex and Striatum", Neuropsychopharmacol, 2013.

4 Heather C. Bell, David R. McCaffrey, Margaret L. Forgie, Bryan Kolb, Sergio M. Pellis, "The role of the medial prefrontal cortex in the play fighting of rats", Behavioral Neuroscience, 2009.; Sergio M. Pellis, Erica Hastings, Takeshi Shimizu, Holly Kamitakahara, Joanna Komorowska, Margaret L. Forgie, Bryan Kolb, "The effects of orbital frontal cortex damage on the modulation of defensive responses by rats in playful and nonplayful social contexts", Behavioral Neuroscience, 2006.

5 Jeffrey. A. Lam, Emily. R. Murray, Kasey E. Yu, Marina Ramsey, Tanya. T. Nguyen, Jyoti Mishra, Brian Martis, Michael. L. Thomas, Ellen. E. Lee, "Neurobiology of loneliness: a systematic review", Neuropsychopharmacol. 2021.

6 Annabel Amodia-Bidakowska, Ciara Laverty, Paul. G. Ramchandani, "Father-child play: A systematic review of its frequency, characteristics and potential impact on children's development", Developmental Review, 2020.

Cycle5 読書:脳を成長させる読解力の秘密

1 Jessica L. Montag, Michael N. Jones, Linda B. Smith "View all authors and affiliations The Words Children Hear", Psychological Science, 2015.

2 Victoria Purcell-Gates, "Lexical and Syntactic Knowledge of Written Narrative Held by Well-Read-to Kindergartners and Second Graders", Research in the Teaching of English, 1988.

3 Aisling Murray, Suzanne M. Egan, "Does reading to infants benefit their cognitive development at 9-months-old? An investigation using a large birth cohort survey", Child Language Teaching and Therapy, 2013.

4 John S. Hutton, Tzipi Horowitz-Kraus, Alan L. Mendelsohn, Tom DeWitt, Scott K. Holland "Home Reading Environment and Brain Activation in Preschool Children Listening to Stories", Pediatrics, 2015.

5 S.M. Houston, C. Lebel, T. Katzir, F.R. Manis, E. Kan, G.R. Rodriguez, and E.R. Sowell, "Reading skill and structural brain development", Neuroreport, 2014.

6 John S. Hutton, Jonathan Dudley, Tzipi Horowitz-Kraus, Tom DeWitt, Scott K. Holland, "Associations between home literacy environment, brain white matter integrity and cognitive abilities in preschool-age children", Acta Paediatrica, 2020.

7 Kathryn A. Leech, Sinead McNally, Michael Daly, Kathleen H. Corriveau, "Unique effects of book-reading at 9-months on vocabulary development at 36-months: Insights from a nationally representative sample of Irish families", Early Childhood Research Quarterly, 2022.

8 Jon Quach, Anna Sarkadi, Natasha Napiza, Melissa Wake, Amy Loughman, Sharon Goldfeld, "Do Fathers' Home Reading Practices at Age 2 Predict Child Language and Literacy at Age 4?", Academic pediatrics, 2018.

fractures in children and adolescents", Acta Orthopaedica, 2010.

3 S. A. Neeper, F. Gómez-Pinilla, J. Choi, C. Cotman, "Exercise and brain neurotrophins", Nature, 1995.

4 Carl. W. Cotman, Nicole. C. Berchtold, "Exercise: a behavioral intervention to enhance brain health and plasticity", Trends in Neurosciences, 2002.

5 Éadaoin. W. Griffin, Sinéad Mullally, Carole Foley, Stuart. A. Warmington, Shane. M. O'Mara, Aine. M. Kelly, "Aerobic exercise´ improves hippocampal function and increases BDNF in the serum of young adult males", Physiology & Behavior, 2011.

6 Tsubasa Tomoto, Jie Liu, Benjamin. Y. Tseng, Evan. P. Pasha, Danilo Cardim, Takashi Tarumi, Linda. S. Hynan, C. Munro Cullum, Rong Zhang, "One-Year Aerobic Exercise Reduced Carotid Arterial Stiffness and Increased Cerebral Blood Flow in Amnestic Mild Cognitive Impairment", J Alzheimers Dis, 2021.

7 繰り返しステップを踏む、踊りの下手な中年女性のダンスを意味する。
<urbandictionary.com>

8 <Guidelines on physical activity, sedentary behaviour and sleep for children under 5 years of age>, World Health Organization, 2019.

9 <Physical Activity Guidelines for Americans> 2nd edition, U.S. Department of Health and Human Services, 2019.

10 Linnea Bergqvist-Norén, Emilia Hagman, Lijuan Xiu, Claude Marcus, Maria Hagströmer, "Physical activity in early childhood: a five-year longitudinal analysis of patterns and correlates", International Journal of Behavioral Nutrition and Physical Activity, 2022.

11 Karsten Hollander, Johanna Elsabe de Villiers, Susanne Sehner, Karl Wegscheider, Klaus-Michael Braumann, Ranel Venter, Astrid Zech, "Growing-up (habitually) barefoot influences the development of foot and arch morphology in children and adolescents", Scientific Reports, 2017.

12 動き、バランス、重力に対する感覚で、耳の中の三半規管が体の傾きを感知し、空間認知を行う。

13 体の各部分の位置、動きの状態、体に加わる抵抗、重量などを感知する感覚で、筋肉、関節の動きを感知する。

14 Dongying Li, Yujia Zhai, Po-Ju Chang, Jeremy Merrill, Matthew H. E. M. Browning, William. C. Sullivan, "Nature deficit and senses: Relationships among childhood nature exposure and adulthood sensory profiles, creativity, and nature relatedness", Landscape and Urban Planning, 2022.

15 Andrea Faber Taylor, Frances E. Kuo, and William. C. Sullivan, "Coping with ADD. The Surprising Connection to Green Play Settings", Environment and Behavior, 2001.

16 Bradley. S. Peterson, Virginia Warner, Ravi Bansal, Myrna. M. Weissman, "Cortical thinning in persons at increased familial risk for major depression", Proceedings of the National Academy of Sciences of the United States of America, 2009.

17 オオヤマネコの一種であるネコ科の動物である。

Cycle4 遊び：自我の発見と社会性の始まり

1 William. A. Mason, Sue. V. Saxon & Lawrence. G. Sharpe, "Preferential responses of

7 Rebekka Schnepper, Claudio Georgii, Katharina Eichin, Ann-Kathrin Arend, Frank H. Wilhelm, Claus Vögele, Annika P. C. Lutz, Zoé van Dyck, Jens Blechert, "Fight, Flight-Or Grab a Bite! Trait Emotional and Restrained Eating Style Predicts Food Cue Responding Under Negative Emotions", Frontiers in Behavioral Neuroscience, 2020.

8 Abby Braden, Kyung Rhee, Carol B. Peterson, Sarah A. Rydell, Nancy Zucker, Kerri Boutelle, "Associations between child emotional eating and general parenting style, feeding practices, and parent psychopathology", Appetite, 2014.

9 Magalie Lenoir, Fuschia Serre, Lauriane Cantin, Serge H. Ahmed, "Intense sweetness surpasses cocaine reward", PLOS ONE, 2007.

10 A. P. Ross, T. J. Bartness, J. G. Mielke, M. B. Parent, "A high fructose diet impairs spatial memory in male rats", Neurobiol Learn Mem, 2009.

11 Amy C. Reichelt, Simon Killcross, Luke D. Hambly, Margaret J. Morris, R. Fred Westbrook, "Impact of adolescent sucrose access on cognitive control, recognition memory, and parvalbumin immunoreactivity", Learn Mem, 2015.

12 Liang. J, Matheson B. E, Kaye W. H, Boutelle K. N, "Neurocognitive correlates of obesity and obesity-related behaviors in children and adolescents", International Journal of Obesity, 2014.

13 Ronan. L, Alexander-Bloch. A, Fletcher P. C, "Childhood Obesity, Cortical Structure, and Executive Function in Healthy Children", Cerebral Cortex, 2020.

14 Sabrina K. Syan, Carly McIntyre-Wood, Luciano Minuzzi, Geoffrey Hall, Randi E. McCabe, James MacKillop, "Dysregulated resting state functional connectivity and obesity: A systematic review", Neuroscience & Biobehavioral Reviews, 2021.

15 Marco La Marra, Giorgio Caviglia, Raffaella Perrella, "Using Smartphones When Eating Increases Caloric Intake in Young People: An Overview of the Literature", Frontiers in Psychology, 2020.

16 Barry M. Popkin, Kristen. E. D'Anci, Irwin. H. Rosenberg, "Water, Hydration, and Health", Nutrition Reviews, 2010.

17 Roberta Fadda, Gertrude Rapinett, Dominik Grathwohl, Marinella Parisi, Rachele Fanari, Carla Maria Calò, Jeroen Schmitt, "Effects of drinking supplementary water at school on cognitive performance in children", Appetite, 2012.

18 Caroline. J. Edmonds, Laura Crosbie, Fareeha Fatima, Maryam Hussain, Nicole Jacob, Mark Gardner, "Dose-response effects of water supplementation on cognitive performance and mood in children and adults", Appetite, 2017.

19 Catherine Cornu, Catherine Mercier, Tiphanie Ginhoux, Sandrine Masson, Julie Mouchet, Patrice Nony, Behrouz Kassai, Valérie Laudy, Patrick Berquin, Nathalie Franc, Marie-France Le Heuzey, Hugues Desombre, Olivier Revol, "A double-blind placebo-controlled randomised trial of omega-3 supplementation in children with moderate ADHD symptoms", Eur Child Adolesc Psychiatry, 2018.

Cycle3 運動:動く脳は賢く育つ

1 Daniel D. Cohen, Christine Voss, Gavin. R. H, Sandercock, "Fitness Testing for Children: Let's Mount the Zebra!", J Phys Act Health, 2015.

2 Erik. M. Hedström, Olle Svensson, Ulrica Bergström, Piotr Michno, "Epidemiology of

参考文献

Cycle1 睡眠：最高の睡眠環境をプレゼントしよう

1 A. Rechtschaffen, M. A. Gilliland, B. M. Bergmann, J. B. Winter, "Physiological Correlates of Prolonged Sleep Deprivation in Rats", Science, 1983.

2 Erik S. Musiek, David D. Xiong, David M. Holtzman, "Sleep, circadian rhythms, and the pathogenesis of Alzheimer Disease", Exp Mol Med, 2015.

3 Ken A. Paller, Jessica D. Creery, Eitan Schechtman, "Memory and Sleep: How Sleep Cognition Can Change the Waking Mind for the Better", Annu Rev Psychol, 2021.

4 Elsie M. T, Sheryl L. R, Kristen L. Bub, Matthew W. G, Emily. O, "Prospective Study of Insufficient Sleep and Neurobehavioral Functioning Among School-Age Children Taveras", Academic Pediatrics, 2017.

5 Ann C. Halbower, Mahaveer Degaonkar, Peter B. Barker, Christopher J. Earley, Carole L. Marcus, Philip L. Smith, M. Cristine Prahme, E. Mark Mahone, "Childhood obstructive sleep apnea associates with neuropsychological deficits and neuronal brain injury", PLoS Med., 2006.

6 Max Hirshkowitz, Kaitlyn Whiton, Steven M. Albert, Cathy Alessi, Oliviero Bruni, Lydia DonCarlos, Nancy Hazen, John Herman, Paula. J, Adams Hillard, Eliot S. Katz, Leila Kheirandish-Gozal, David N. Neubauer. Anne E. O'Donnell, Maurice Ohayon, John Peever, Robert Rawding, Ramesh C. Sachdeva, Belinda Setters, Michael V. Vitiello, J. Catesby Ware, "National Sleep Foundation's updated sleep duration recommendations: final report", Sleep Health, 2015.

7 Anne-Marie Chang, Daniel Aeschbach, Jeanne F. Duffy, Charles A. Czeisler, "Evening use of light-emitting eReaders negatively affects sleep, circadian timing, and next-morning alertness", Proceedings of the National Academy of Sciences, 2014.

Cycle2 食事：脳の発達に必要な栄養素と食習慣

1 脳のドーパミン中枢のうち、中脳皮質辺縁系経路とそれ以外のドーパミンシステムの始点として、報酬の処理やそれをもとにした学習、ポジティブな感情など脳で重要な役割をしている領域である。

2 Mariela Chertoff, "Protein Malnutrition and Brain Development", Brain disorders & Therapy, 2015.

3 Lotte Lauritzen, Paolo Brambilla, Alessandra Mazzocchi, Laurine B. S. Harsløf, Valentina Ciappolino, Carlo Agostoni, "DHA Effects in Brain Development and Function", Nutrients, 2016.

4 John L. Beard, "Why Iron Deficiency Is Important in Infant Development", The Journal of Nutrition, 2008.

5 C. C. Pfeiffer, E. R. Braverman, "Zinc, the brain and behavior", Biol Psychiatry, 1982.

6 Huong T. T. Ha1, Sergio Leal-Ortiz, Kriti Lalwani, Shigeki Kiyonaka, Itaru Hamachi, Shreesh P. Mysore, Johanna M. Montgomery, Craig C. Garner, John R. Huguenard, Sally A. Kim, "Shank and Zinc Mediate an AMPA Receptor Subunit Switch in Developing Neurons", Frontiers in Molecular Neuroscience, 2018.

0〜5歳
賢い脳のつくりかた
スタンフォード大学博士で シリコンバレーで2児を育てたママの 脳科学育児コンサルティング

発行日　2024年12月25日　第1刷
　　　　2025年 2 月25日　第2刷

Author　キム・ボギョン
Translator　簗田順子　翻訳協力：株式会社トランネット（www.trannet.co.jp）
Illustrator　福士陽香
Book Designer　装丁：西垂水敦・内田裕乃（krran）　本文：市川さつき

Publication　株式会社ディスカヴァー・トゥエンティワン
〒102-0093　東京都千代田区平河町2-16-1 平河町森タワー11F
TEL　03-3237-8321（代表）03-3237-8345（営業）
FAX　03-3237-8323
https://d21.co.jp/

Publisher　谷口奈緒美
Editor　榎本明日香

Store Sales Company
佐藤昌幸　蛯原昇　古矢薫　磯部隆　北野風生　松ノ下直輝
山田諭志　鈴木雄大　小山怜那　藤井多穂子　町田加奈子

Online Store Company
飯田智樹　庄司知世　杉田彰子　森谷真一　青木翔平　阿知波淳平
大﨑双葉　近江花渚　徳間凜太郎　廣内悠理　三輪真也　八木眸
古川菜津子　高原未来子　千葉潤子　川西未恵　金野美穂
松浦麻恵

Publishing Company
大山聡子　大竹朝子　藤田浩芳　三谷祐一　千葉正幸　中島俊平
伊東佑真　榎本明日香　大田原恵美　小石亜季　舘瑞恵
西川なつか　野﨑竜海　野中保奈美　野村美空　橋本莉奈　林秀樹
原典宏　牧野類　村尾純司　元木優子　安永姫菜　浅野目七重
厚見アレックス太郎　神日登美　小林亜由美　陳玟萱　波塚みなみ
林佳菜

Digital Solution Company
小野航平　馮東平　宇賀神実　津野主揮　林秀規

Headquarters
川島理　小関勝則　田中亜紀　山中麻吏　井上竜之介　奥田千晶
小田木もも　佐藤淳基　福永友紀　俵敬子　三上和雄　池田望
石橋佐知子　伊藤香　伊藤由美　鈴木洋子　照島さくら　福田章平
藤井かおり　丸山香織

Proofreader　株式会社鷗来堂
DTP　アスラン編集スタジオ
Printing　シナノ印刷株式会社

ISBN 978-4-7993-3114-9
0-5SAI KASHIKOI NOU NO TSUKURIKATA by Bokyung Kim